『封神』这样演义

博物馆里的历史百科

2

夏商周

中国国家博物馆 编

二十一世纪出版社集团
21st Century Publishing Group

图书在版编目(CIP)数据

“封神”这样演义：夏商周 / 中国国家博物馆编. --南昌：二十一世纪出版社集团, 2019.7
（博物馆里的历史百科；2）
ISBN 978-7-5568-4055-7

Ⅰ. ①封… Ⅱ. ①中… Ⅲ. ①中国历史－三代时期－通俗读物 Ⅳ. ①K221.09

中国版本图书馆CIP数据核字(2019)第096790号

博物馆里的历史百科②“封神”这样演义：夏商周

中国国家博物馆 编

编辑统筹　方　敏
责任编辑　简欢欢
封面设计　尤项辉
出版发行　二十一世纪出版社集团 (江西省南昌市子安路75号　330025)
www.21cccc.com cc21@163.net
出 版 人　刘凯军
经　　销　新华书店
印　　刷　江西千叶彩印有限公司
开　　本　720mm × 960mmmm　1/16
版　　次　2019年7月第1版
印　　次　2019年7月第1次印刷
字　　数　80千字
印　　张　9.75
印　　数　1-6,000册
书　　号　ISBN 978-7-5568-4055-7
定　　价　35.00元

赣版权登字-04-2019-327

前言
“博物馆里的历史百科”系列是以博物馆馆藏文物为线索来讲述中国历史的丛书。这与一般依据历史文献讲述历史的著作不同。
每件文物都蕴含丰富的历史信息，是历史的实物见证。通过文物，可以更真实地感受历史，这也是阅读本书要比阅读其他历史书更有趣的地方。
本书由中国国家博物馆编撰，文物图片由专家精挑细选，附以简练生动的文字，使读者既可了解历史，又可增加许多文物知识。

目录

第1章

青铜时代序幕——夏王朝

大禹治水——夏王朝之始

只要翻阅中国古代文献，不难看到充满神话色彩的夏王朝传说故事。把这些故事按时间顺序排列，可以依稀勾画出夏王朝发展的大致轮廓。

◦ 远古时代的滔天洪水

帝尧时期发生了大洪水，帝尧任用鲧（gǔn）治理洪水。鲧采用堵水的方法治理了九年，以失败告终。后来，舜委派鲧的儿子禹治理洪水，禹改用疏导的方法，取得成功。

青铜器上铭文所见的“夏”字

大禹治水十三年，劈山导河，四处奔波，三次路过家门不入，终于平息了洪水。禹取得了部落联盟领袖的地位，立国号“夏”后，建立了夏王朝。

大禹治水图
汉代画像石
大禹因公忘私，被尊为“大圣”，后人立社祭祀。在山东嘉祥武梁祠东汉时期的画像石上，保存着一幅大禹治水的画像。大禹头戴斗笠，手持农具，与文献的记载相吻合。

召集各地诸侯会盟

大禹治水的足迹遍及黄河、长江中下游流域一带，更联合了不同地域的氏族部落，共同解决水患。禹因治水有功而声望大增，博得众多部落的拥护，终于继舜之后登上王位。他不但可以召集诸侯会盟，更拥有掌握军队、刑法等权力。

二里头文化陶鼎
夏代
1973 年河南偃师二里头遗址出土

禹召集各地诸侯会盟，奉召前来的大小诸侯数以万计。有一次，禹召集诸侯举行祭神大会，防风氏首领便因迟到而遭到诛杀。禹为了维护王权，还制定了《禹刑》。

二里头文化涂朱石璋
夏代
1980 年河南偃师二里头遗址出土
璋是古代朝聘、祭祀、丧葬、发兵时用以表示瑞信的器物。

负责不同任务的氏族

夏王朝大量灭国，同时也分封了大量氏族，并委派他们负责不同的任务，例如：

羲（xī）氏、和氏观测天象以制定历法；

周族的先祖则是农官，主持稼穑之事；

封父是专门制作良弓的部落；

担任车正（官名）的奚仲是善于造车的氏族的首领；

商族的首领冥是夏的水官，负责治水事宜。

青铜器及铭文

西周时期

铭文 10 行 98 字，记载大禹治水的史实。

天降双龙？夏王孔甲的神宠

夏朝以前，王位由帝王传给贤能之士，即“禅让制”。到了夏朝，王位由传贤变为传子，开始了“家天下”的世袭制度。不过在制度变更的过程中遇到了不少反抗。

。禹把王位传给儿子

传说禹治水时娶了涂山氏为妻。有一次，禹在轩辕山化作一头黑熊凿山开路。妻子看见后，吓得化作石头。禹再三请求，石头终于破裂，生出儿子，名为启。

后来，东夷族首领伯益与启争夺王位。伯益，又写作“柏翳”，曾经与禹共平水土，治理洪水。据说他还擅长驯化禽、兽，并发明了水井，可见其功劳远远超过了启，禹也有意传位与伯益。可是，启杀了伯益，继承了夏王朝的王位，但遭到有扈（hù）氏反对，启便亲自率军消灭了有扈氏。

最后，启大会四方诸侯，确立了夏王朝家天下的统治。

◦后羿夺得夏王朝统治权

夏王朝建立不久，就与东方的夷族发生冲突，启杀掉干预王位的伯益，就是例子之一。

史記卷二

夏本紀第二

夏禹，〔一〕名曰文命。〔二〕禹之父曰鯀，鯀之父曰帝顓頊，〔三〕顓頊之父曰昌意，昌意之父曰黃帝。禹者，黃帝之玄孫而帝顓頊之孫也。禹之曾大父昌意及父鯀皆不得在帝位，爲人臣。

〔一〕集解謚法曰：「受禪成功曰禹。」正義夏者，帝禹封國號也。帝王紀云：「禹受封爲夏伯，在豫州外方之南，今河南陽翟是也。」

〔二〕索隱尚書云「文命敷于四海」，孔安國云「外布文德教命」，不云是禹名。太史公皆以放勳、重華、文命爲堯、舜、禹之名，未必爲得。孔又云「虞氏，舜名」，則堯、舜、禹、湯皆名矣。蓋古者帝王之號皆以名，後代因其行，追而爲謚。其實禹是名。故張晏云「少昊已前，天下之號象其德；顓頊已來，天下之號因其名」。又按：系本「鯀取有辛氏女，謂之女志，是生高密」。宋衷云「高密，禹所封國」。正義帝王紀云：「父鯀妻脩己，見流星貫昴，夢接意感，又吞神珠薏苡，胸坼而生禹。名文命，字密，身九尺二寸長，本西夷人也。大戴禮云『高陽之孫，鯀之子，曰文命』。揚雄蜀王本紀云『禹本汶山郡廣柔縣人也，生於石紐』。」括地志云：「茂州汶川縣石紐山在縣西七十二

夏本紀第二　　四九

《史记·夏本纪》关于夏禹世系的记载

启死后，其子太康继位。太康沉溺游乐，疏忽政事，于是，有穷氏首领后羿乘机窃取了夏王朝的统治权。

后来，寒浞（zhuó）杀死后羿和后羿的儿子，还杀害了夏朝的国君相。相的儿子少康投奔有虞（yú）氏，伺机复国。最后，少康集合夏族余众，消灭了寒浞及其子，复兴夏王朝，这就是历史上所谓的“少康中兴”。

羿射十日图
汉代
河南南阳出土汉画像石
羿为神话传说人物，善射箭，尧时曾受命上射十日，下射恶禽猛兽。传说嫦娥是羿的妻子，因吃了西王母所赠的不死药而升天，独居月宫。后来羿被家臣所害。他与夏朝的后羿不是同一人。

夏王孔甲的双龙

孔甲继位后，夏王朝从此走向衰落。关于夏王孔甲的故事主要有两个。

孔甲在一次打猎中遇上大风，走入一家民宅。有人为这户人家儿子的前途，做出了“吉”和“殃”两种截然不同的预言。孔甲听说后便带走了孩子，并说：“他是我的孩子，谁还敢伤害他呢？”

不料有一次，风掀动了宫殿的帷幕，碰倒一把仪仗用的钺。钺砍断了这孩子的脚，他只好做了看门人。这一结局应了当年“殃”的预言。

二里头文化玉钺
夏代
1974 年河南偃师二里头遗址出土
钺是大型的弧刃战斧。原始社会晚期出现用玉石制作的钺，成为权力的象征。汉字“王”的甲骨文和金文的字形就像钺形。

另外一个故事，讲述天上降下一雌一雄两条龙，孔甲却不知如何饲养它们。一个名叫刘累的人学过饲养龙的方法，孔甲就委托他饲养，并赐其姓为“御龙氏”。后来，雌龙死了，刘累不仅隐瞒不报，还将龙肉烹煮后献给孔甲吃。不知底细的孔甲后来要求再吃这种食物，刘累害怕事情败露，举族迁走了。

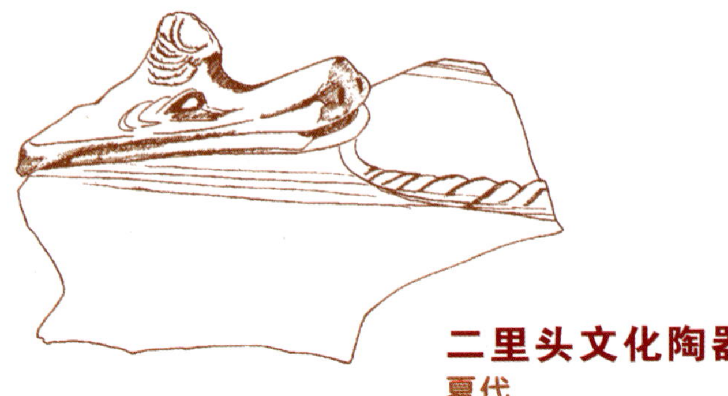

二里头文化陶器残片上的龙
夏代
1992 年河南驻马店杨庄遗址出土
学者考证龙的原形动物有蛇、鳄，或是由蛇、鹿、鸡、马、鱼等不同动物组合而成。在二里头文化陶器上所见，龙的形象与蛇非常接近。

◦夏王朝的末路

夏王桀（jié）继位之后，对外发动战争，对内任用奸臣，又沉湎声色，不理朝政，不恤民之财力，大兴土木，建造倾宫、瑶台、长夜宫等宫殿，聚集天下珍宝、美女供他享乐。

夏王桀认为，夏王朝拥有天下，就像天上有太阳一样合乎天意，除非太阳亡了，他的王朝才会灭亡。

夏桀骑人图
汉代
见于山东嘉祥武氏祠汉代画像石
描绘了夏王桀骑在人身上，以人体为车代步的情景。

东方的商族领袖成汤，联合包括东夷等古族西进，在鸣条击溃夏桀军队。战败的夏桀被放逐于南巢，夏王朝至此灭亡。

从禹开始至桀，夏王朝共传 14 世 17 王，约 400 余年，开创了中国历史上父死子继、附以兄终弟及的王朝世袭制度。

夏王朝世系表

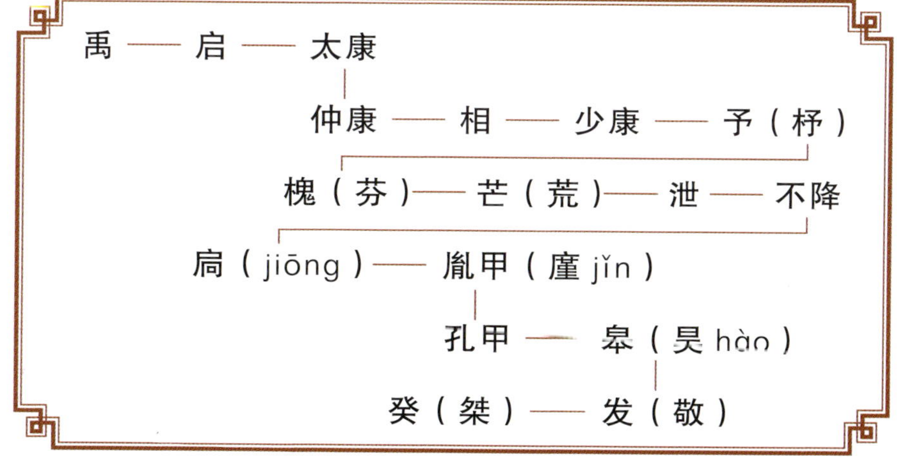

真假难辨——夏王朝真的存在吗？

虽然缺少文字证据，但学术界几乎一致认为，历史上的确存在夏王朝。中国最早的文献《尚书》，以及西周、东周的铜器铭文中都提到了有关夏的事迹。西汉司马迁写成的《史记》，记载了夏朝世系和历史，其中部分内容也在甲骨文中得到了证明。

夏王朝存在的证明

位于河南偃师二里头一带的遗址，被推断在公元前 2000 年至公元前 1600 年之间，与夏王朝的起止年代大体一致。

陶器豆盘内“阳城仓器”陶文
战国时期
河南登封阳城遗址出土

遗址内已经发现有大型宫殿基址、铸铜遗址、墓葬、灰坑等，还有贵族阶层使用的铜器、玉器、漆器、陶瓷器，宗教活动使用过的卜骨，生产工具如石器、骨器、蚌器等重要遗物。

二里头文化陶三足盘
夏代
1988 年河南新密（原“密县”）
曲梁遗址出土

二里头文化陶刻槽盆
夏代
1988 年河南新密（原“密县”）
曲梁遗址出土

二里头文化铜器群
夏代
河南偃师二里头遗址出土

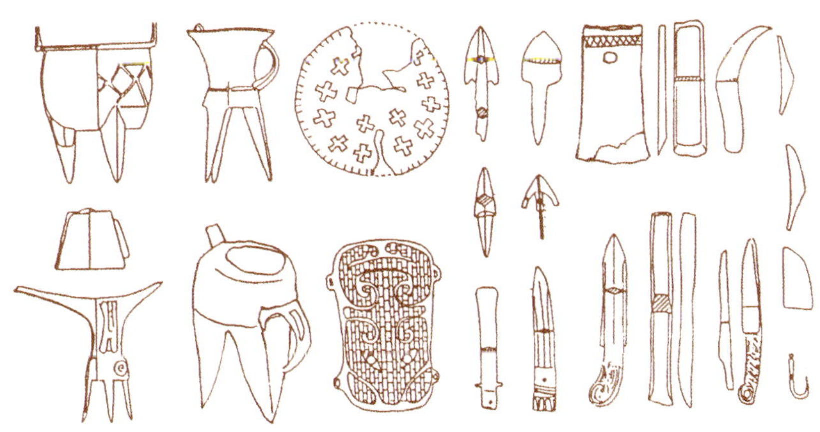

二里头文化青铜牌饰
夏代
1981 年河南偃师二里头遗址出土

二里头遗址出土的青铜器，有鼎、刀、钻、铃、圆铜片等，铸造工艺水平相当高。另外，还出土了许多精美的玉器。

二里头文化三孔刀
夏代
河南偃师二里头遗址出土

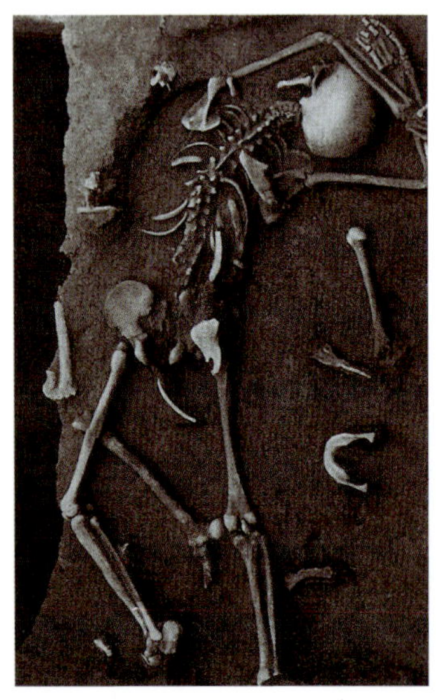

二里头文化乱葬墓
夏代
河南偃师二里头遗址出土
乱葬墓出土的尸骨，有的双手被捆绑，有的身首异处，周围有零散的骨骼，没有任何随葬品。他们可能是战俘或奴隶。

二里头文化的墓葬数以百计，墓葬规模大小不一，陪葬品数量也不一，这都说明了当时已存在贫富差别及社会阶层。

农历与夏王朝有关吗？

农业与季节息息相关，夏人已经具有历法知识。今天仍然广泛使用的夏历（农历），据说都与夏人遗留的历法知识有关。

当时农具多为木、石、骨、蚌等制成，例如有孔石刀、有孔石斧、石铲等。另外，在不同遗址也发现了储存粮食的窖藏坑，其中还有谷、麦、稻、豆等粮食作物遗存。

二里头文化拥有用石、骨、蚌、陶制成的鱼叉、鱼钩、网坠、镞、矛等渔猎工具，伴随出土的还有牛、羊、猪、狗、马等动物骨骼，这反映了当时已出现了渔猎和畜牧业。

二里头文化陶制盛酒器
夏代
河南偃师二里头遗址出土

二里头文化青铜盛酒器
夏代
1984 年河南偃师二里头遗址出土

夏代的手工业

青铜冶铸业是夏代手工业最高水准的代表。目前出土铜器包括鼎、戈、凿、锥、钻、鱼钩、铃、牌饰、铜条等。

作为日常生活的必需品，陶器十分丰富，包括三足盘、盆、缸、瓮、盛酒器等。艺术品有羊、龟、蟾蜍、狗、鸟、蛇（龙）、兔等造型。

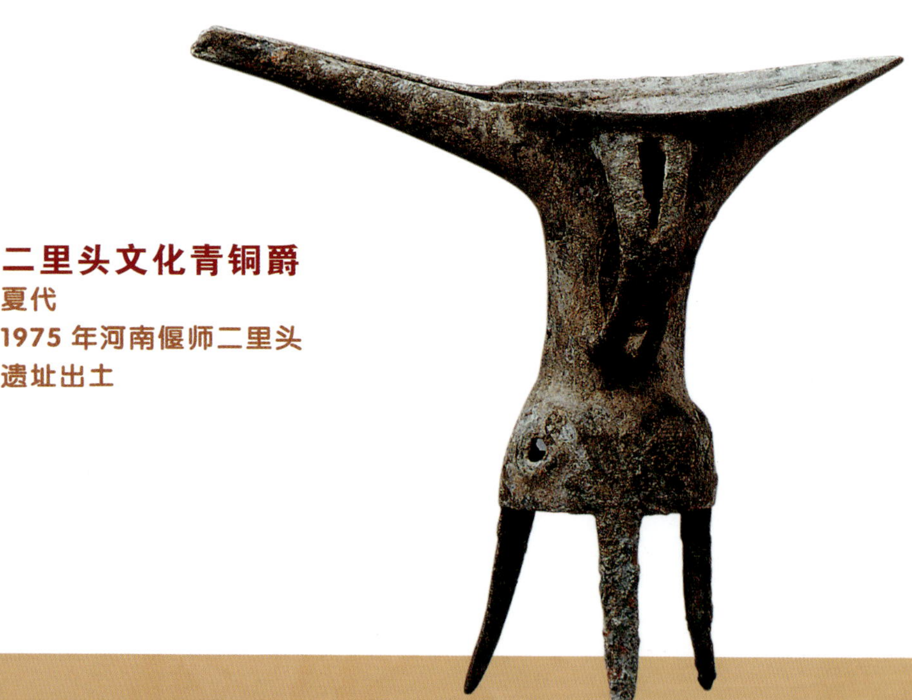

二里头文化青铜爵
夏代
1975 年河南偃师二里头遗址出土

二里头文化纺织品痕迹
夏代
河南偃师二里头遗址出土

此外，当时应当拥有专门的制骨作坊，从出土骨料上残存的痕迹，可以辨认出砍、砸、切、锯、磨、钻等技术。

玉器制作工艺精致，种类多，计有柄形饰、戈、钺、刀、琮等，经推断当时已经有了专门的玉器工匠和作坊。

纺织方面，除考古出土大量用于纺织的陶、石纺轮外，在一些青铜器上还可以发现包裹两层至六层多种类的纺织品遗迹。

夏代的商业与文化艺术

据古代文献记载，夏王朝时期已经使用金属货币和贝币。在二里头遗址的一些墓葬中，发现有海贝以及仿海贝的骨贝、蚌贝、石贝、铜贝等，除用作装饰外，还可能充当货币。

二里头文化骨贝和蚌贝
夏代
河南偃师二里头遗址出土

夏王朝的陶器艺术，表现手法有陶塑和陶刻图案。骨雕技法有圆雕，主要用于象牙器的制作。乐器发现有陶铃、石磬、铜铃等。

二里头文化刻画符号

夏代

河南偃师二里头遗址出土

目前已发现的陶器刻画符号有几十种，有些造型接近商代的甲骨文。

二里头文化铜铃

夏代

1984 年河南偃师二里头遗址出土

第 2 章

信史之端——商王朝

玄鸟蛋中破壳而出的商王朝

甲骨文的发现以及大量出土的商代遗物，都使商王朝走出传说变为信史。可是商族的发祥地在哪里？这仍然是一个有趣的谜。

◦ 商代起源

传说帝喾（kù）有一位名叫简狄的次妃，她沐浴的时候，吞了玄鸟产下的蛋，因此怀孕而生下契。契，就是商族的始祖。关于玄鸟，有人认为是黑色燕子，也有人认为是凤鸟或是雄鸡。

甲骨文和金文所见“商”字

那么，商族为何称为“商”呢？有学者认为，商人远祖居住在漳水，“漳”与“商”古音相通，商族因此得名。据此判断，商族兴起于漳河中游地区。也有人认为商族是与商业或祭祀有关，莫衷一是。

◦ 商代首都

成汤是商王朝第一位王，亳是第一个国都。之后，商朝又经历了五次迁都，这反映出王朝政局不稳定，导致都城迁徙无常。

因为商王朝的王位纷争，弟子争相代立，内乱不断，选择王都地点时，就不能不考虑作战方便这一因素。也有学者认为，迁都是为了巩固商的盟主地位。

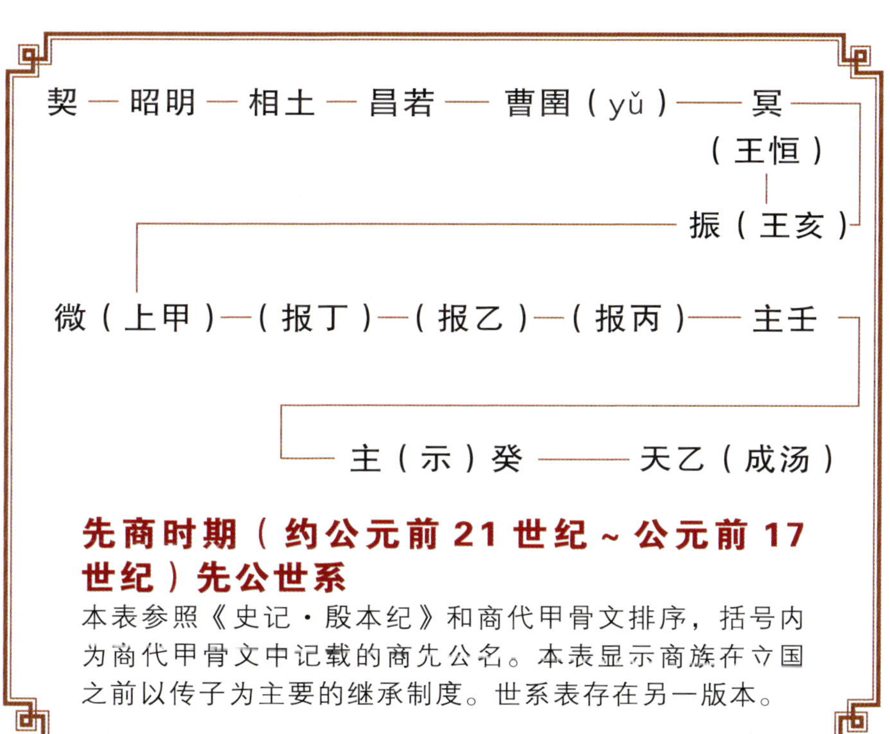

先商时期（约公元前21世纪~公元前17世纪）先公世系

本表参照《史记·殷本纪》和商代甲骨文排序，括号内为商代甲骨文中记载的商先公名。本表显示商族在立国之前以传子为主要的继承制度。世系表存在另一版本。

商原本臣属于夏王朝，因治水方面有突出的政绩而得到发展。夏代末年，夏桀无道，众叛亲离。商汤乘机以亳都为据点，四出扩张征伐，以十一征而无敌于天下，最后灭了夏王朝，建立了商王朝。

◦ 网开三面

先商文化陶器
夏代
1957 年河北邯郸涧沟遗址出土

成汤有一次打猎，看到一个人四面张网捕鸟。成汤就告诫说：“这样只会把鸟类捕尽，也只有残暴的夏桀才做得出来。”他要人撤除三面网，只留一面网。成汤的仁义之心惠及动物，使不少小国闻风归附。

成汤得知小国葛没有祭祀用的牛羊，就派人送去牛羊。葛伯竟然自己吃掉了。葛伯又说缺少供奉的谷物，于是成汤叫百姓帮助葛伯耕种田地，并送去粮食和酒肉。葛伯却杀人越货，抢夺了这些物品。成汤于是开始了攻打葛国的十一次战争，最后无敌于天下。

成汤一举灭了夏王朝，放逐了夏桀，然后返回亳地，正式建立商王朝。

商王朝经历了长达七年之久的干旱，于是成汤甘愿牺牲自己来祈雨，终于感动上天，普降甘雨。

破土而出的商代古都

商王朝建立之后，经历了五次迁都，这些商代都城究竟在哪里？目前已被发掘出来的商城遗址，又有什么考古学上的重大发现呢？

郑州商城

郑州商城是十分重要的遗迹，为商代早期最大的城址。城内有大型宫殿遗址，并发现了像大型铜方鼎这样的王室重器，城外分布铸铜、制陶、制骨等手工业作坊及墓地。

陶文“亳”“亳丘”
战国
河南郑州出土

有学者认为，郑州商城即汤都亳，因为在遗址内发现了大量东周时期“亳”字的陶文，其地理位置也与文献记载相符。

青铜方鼎
商代
1974 年河南郑州杜岭街出土

青铜器
商代
1996 年河南郑州南顺城街出土

埋人头骨的壕沟
商代
河南郑州商城宫殿区出土
郑州商城宫殿区一条壕沟内，发现大量被锯开的人头骨。

。商代中期都邑

成汤居亳，建立强盛的商王朝，传到商王仲丁时，发生了争夺王位的斗争。斗争持续了很长一段时间，一直到商王阳甲时才结束。因为涉及九位商王，历史上称之为“九世之乱”。

面对内忧外患，仲丁终于离开亳都，迁往隞地（隞，也写作“敖”）建立新都，开始了商代中期的动荡时期。

青铜建筑构件
商代
1989 年郑州小双桥遗址出土

位于郑州商城西北约 20 千米的小双桥遗址，属于商代中期。遗址现已发现宫殿的建筑基址、青铜建筑构件以及祭祀坑，内埋牛、猪、狗、鹿、象等动物和祭品。

继仲丁迁隞之后，是河亶甲迁相。在河南安阳洹河北岸发现的一座城址，年代上限可至商代中期，考古学家称其为“洹北商城”。

洹北商城宫殿区基址

面积近 1.6 万平方米。

在城址东部偏南发现了几十处宫殿基址，其中一处宫殿基址，是迄今发现最大的商代单体建筑。另外在城址中还发现灰坑、水井、墓葬、房基等商代遗迹。有意见认为，这可能是河亶甲所迁之相都。

殷墟甲骨出土情况

◦ 殷都在哪里？

对于盘庚迁殷的原因，有的学者认为是去奢行简，也有的认为是避河患。总之，盘庚迁殷之后，百姓安宁，诸侯来朝，商王朝一度复兴。

甲骨文
商代
河南安阳出土

到了武丁，商代再次复兴。据甲骨学学者研究统计，与武丁相关的卜辞共 600 多条，为晚商诸王之最。其中关于征伐战事的卜辞也比较多，被武丁征伐的方国达 81 个，可谓武功赫赫。

而三十一王帝辛［即纣（zhòu）王］，任用奸佞之人，宠幸妲（dá）己，大修离宫别馆，搜刮民财，引起百姓怨恨。诸侯们也开始背叛，最终导致了商王朝的灭亡。

那么，当年盘庚所迁的殷都在哪里呢？

清朝末年，河南安阳已有一些带字的兽骨和龟甲出土，后来证明盘庚所迁之殷，就是安阳西北的小屯村及其附近地区。研究结果显示，殷墟文化发展连续不断，晚期的文化已与西周早期衔接。

安阳殷墟小屯宫殿遗址地形全貌

殷都在盘庚迁殷至武丁早期时规模尚小，武丁晚期后迅速发展，到商纣时达到顶峰，成为商王朝最宏伟的一座都城。

目前已经发掘出宫殿、壕沟、铸铜作坊、制骨手工业作坊、陶窑等遗址。此外，也发现有半地穴式和在地面上建造的房子，在居住区中还发现有水井、储藏物品的窖穴等生活设施。

青铜器

商代

1976 年河南安阳

殷墟出土

安阳小屯甲十二宫殿基址复原建筑

殷墟出土的遗物中，发现了十几万片甲骨文以及种类繁多的青铜礼器、玉器、玉制雕像等。

另外，殷墟还出土了5500多件石器、24000多件骨器以及大量的陶器等。

玉人
商代
1976年河南安阳殷墟出土

刑三百——商王朝的统治手段

殷墟遗址出土甚丰，尤其是甲骨文更提供了珍贵的商朝社会资料。虽然商朝已进入了文明时代，可是还保留了不少原始风俗，例如用人殉葬的做法在当时仍相当普遍。

社会等级分明

商朝社会等级分明，大致分为上层贵族、普通平民和奴隶几个不同的阶层。上层贵族以商王为代表，还有王室贵族、大小官僚、军事将领以及巫等。

一般的小贵族和平民从事生产。战俘多被用于

安阳殷墟武官村大墓，殉葬人数超过 45 人

祭祀祖先或神灵。

商王朝用刑法和军队来维持社会等级。文献记载，商代刑法很多，有“刑三百”之称。军队由王和王室大臣统领，战时征召平民充当步兵，贵族组成车兵，使用戈、矛、斧等先进的青铜武器。

商代大量用人祭祀和殉葬。用于祭祀的出土人牲，有的被捆绑，有的带有刀痕，有的甚至肢体残缺不全，与其他牲畜一起埋葬。

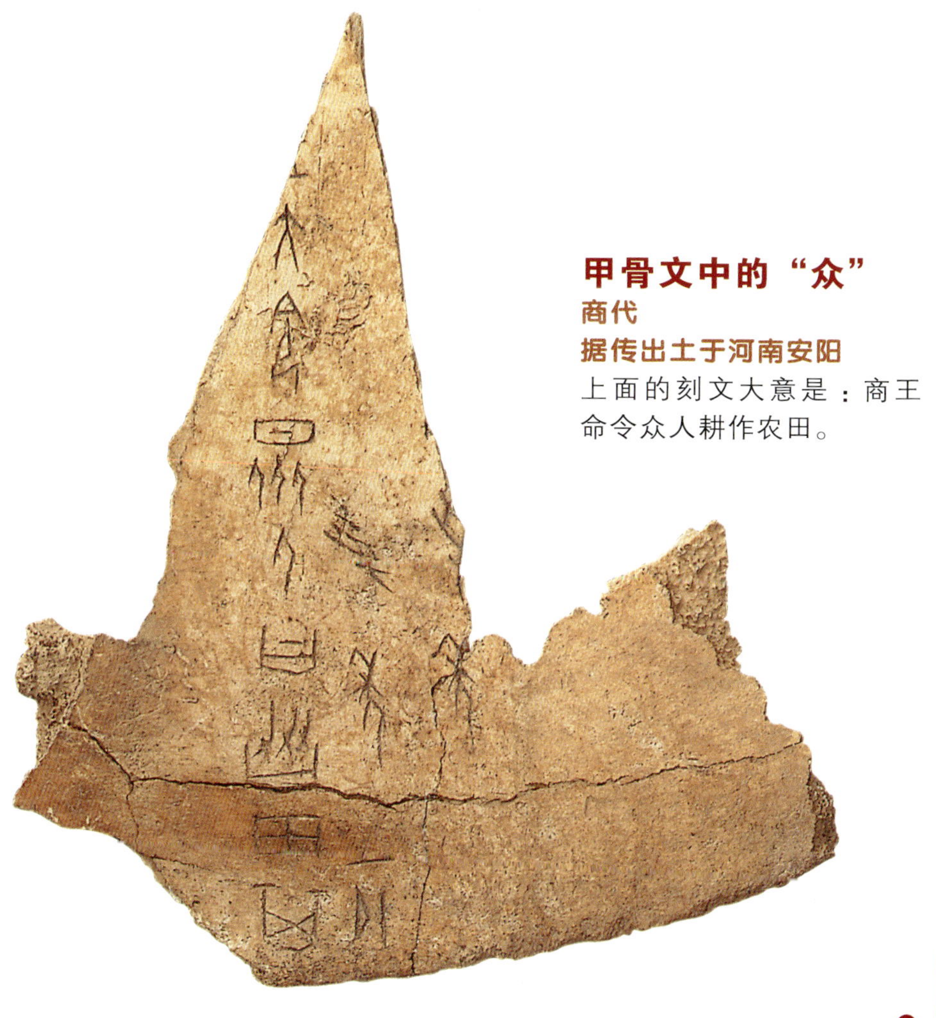

甲骨文中的“众”

商代

据传出土于河南安阳

上面的刻文大意是：商王命令众人耕作农田。

至于殉葬的人，有的是贴身侍从或手工工匠；有的执青铜兵器，可能是卫兵；还有一些被肢解后埋在距离墓主人较远的地方，可能是地位十分低下的役人。

甲骨文中有不少描写商王祈求风调雨顺和丰收的卜辞，也有商王亲自视察耕作的记载。

有卜辞记载，商王前往某地亲耕时，有“众”人相随。看来这里的“众”是从事农业生产的人员，他们身份接近平民，是受命参加农事的。

铜与铁并用，陨铁初体验

商朝的农业已发展出一整套完整的工作流程。更重要的是，商业已相当发达，交易的商品更是五花八门，包罗万象。

◦ 农业

今天，人们喜欢用“五谷丰登”来形容丰收。五谷即黍、稷、稻、麦、豆，在商代已经具备。

当时农具仍然是以木、石、骨、蚌质为主要原料制成，包括铲、锄、镰和刀等。在一些商代遗址内，也发现了青铜制农具。

商代耕种的一般程序：在二月选择耕地，然后清除草木，继之开垦荒田，翻耕土地，整治田垄，施肥播

青铜制农具
商代

（黍）现在仍被称为“黍”，去皮之后被称为“黄米”。
（禾）现在被称为“谷子”，去皮之后被称为“小米”。
（来）现在被称为“小麦”。
（麦）在商代可能专指大麦。
（稻）在商代已经有稻。

商代甲骨文所见主要谷物

商代甲骨文所见农具

种，灌溉，除草治虫，最后收获。

甲骨文中“年”字就像一个人肩负着禾，表示禾生长成熟后被人收获。禾的生长期可被用来计时，这就是“年”的时间含义。

在商代遗址中发现有窖穴，一般挖掘较深，修造比较讲究，其中有些应该是用来储藏粮食的。商代酒器比较流行，证明当时剩余的粮食会用于造酒。

石制农具
商代
河南新安玉梅水库出土

商王和贵族都非常重视农业，甲骨文中有商王对农业进行占卜询问的卜辞，涉及求雨、询问收成、亲自视察耕作和农作物等内容。

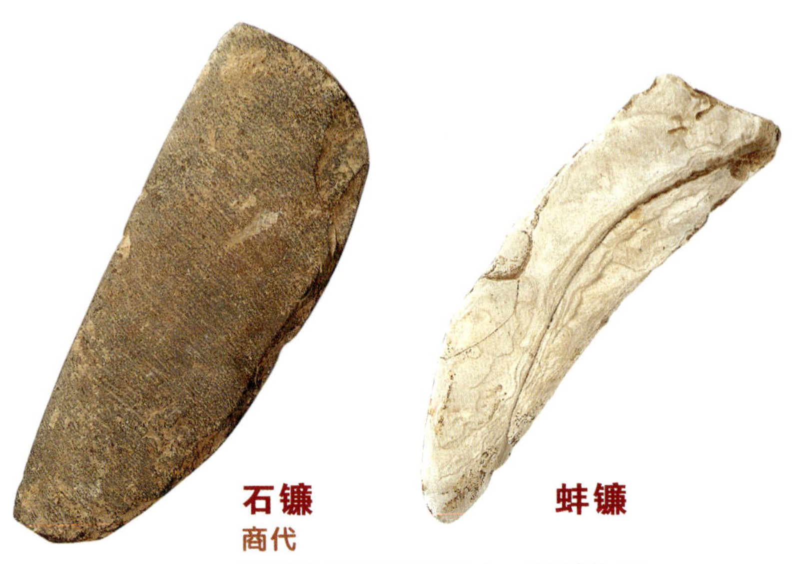

石镰　　　　蚌镰
商代
石镰为河南安阳出土，蚌镰为河南郑州出土。刃部多为锯齿状。

甲骨文中的“田”字，是商代田地的形象写照。同时，甲骨卜辞中还能看到关于公田的记载。公田由氏族的人力或族众集体耕种，其收获交给王室贵族作为一种赋税。

石斧
商代
河南安阳四盘磨出土

◦ 畜牧业、渔猎业和手工业

商代的畜牧业兴旺，称为“六畜”的马、牛、羊、猪、狗、鸡都已具备。甲骨文中有一次祭祀用千牛的记录，反映当时畜牧业具有相当的规模。

渔猎工具有镞、弹丸、网坠等。出土的动物遗骸包括象、犀牛、熊、虎、豹、野猪等，还有各种鸟类以及青鱼、鲤鱼、鳖、龟、河蚌，海产有鲟鱼、鲸鱼、海蚌、海贝等。其中绝大部分应是渔猎收获。

商代手工业分工明显，包括金属铸造业、陶瓷业和纺织业等。

金属铸造业以青铜冶铸业为代表，在当时属于最先进的生产技术，居于最重要的位置，直接由王室控制，为王室服务，属于官府手工业。

后母戊鼎
（原称“司母戊鼎”）
商代
1939 年河南安阳殷墟出土

商代遗址出土了多种青铜制的礼器。工具类有斧、凿、锯、刀、锥、钻等；兵器有戈、矛、刀、镞、钺。另外还有车马器、建筑构件等。

陶制容器“将军盔”
商代
河南安阳殷墟出土
俗称“将军盔”的陶容器，主要用于浇铸熔化的青铜液体。

另外，在不同商代遗址中发现的铁刃铜钺，所用的铁来自陨石。这显示在商代，人们不仅初步认识并使用了陨铁，而且掌握了锻打和铸接铜与铁的技术。

铁刃铜钺
商代

原始瓷尊
商代
1953 年河南郑州出土
高岭土做胎，施青绿色釉，体饰方格纹。

陶器是商代的日常用品，尤其白陶的制作工艺已达到了高峰，种类繁多。值得注意的是，白陶产品造型和纹饰都模仿当时的青铜礼器，是专供王室贵族使用的贵重物品。

刻纹白陶簋盖
商代
河南安阳殷墟出土

商代的纺织工具主要是纺轮，而且有专门的织机织出复杂的花纹图案。

包裹青铜器的纺织品痕迹
商代
1953 年安阳殷墟大司空村出土

。商业

考古发现，商代用贝数量较多，已经发现铜贝和海贝。其中以海贝数量最多，在万枚以上。

在商代，用贝殉葬或祭祀比较普遍，少者数枚，最多者数以千计，甚至有些死者口中还含有贝。

甲骨文所见人担着成串的贝的形象

着装玉人
商代
1976 年河南安阳殷墟
妇好墓出土

贝的来源受到地域限制，拥有特殊价值，可算是原始货币。在商代早、晚期的遗址中，发现了鲟鱼鳞片、鲸鱼骨、海蚌、大龟、玉等。有些并非本地所产，有的产地相距遥远，其来源除了进贡之外，还很可能通过商业贸易交换而来。

鲸鱼骨
商代
河南安阳殷墟出土

玉蚕
商代
1953 年河南安阳殷墟大司空村出土

◦ 交通

商代已出现道路，车是主要交通工具。在殷墟遗址中发现数十辆属于商代晚期车的遗存，大体属于木质结构，由车架、车舆和车轮三个部分组成。

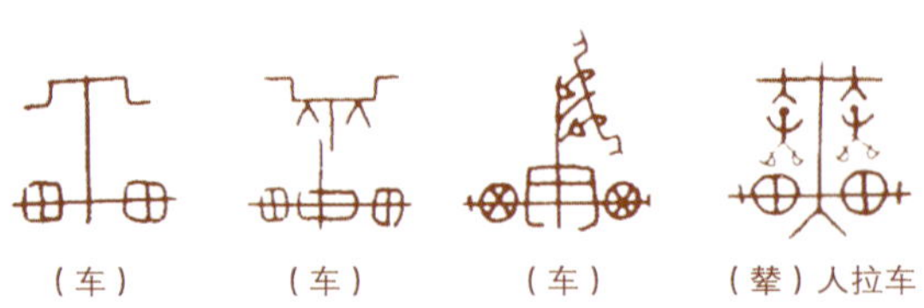

（车） （车） （车） （辇）人拉车

（舟）

（大舟）

（人撑船）

商代甲骨文中车、舟的象形字

马车坑
商代
河南安阳殷墟孝民屯出土

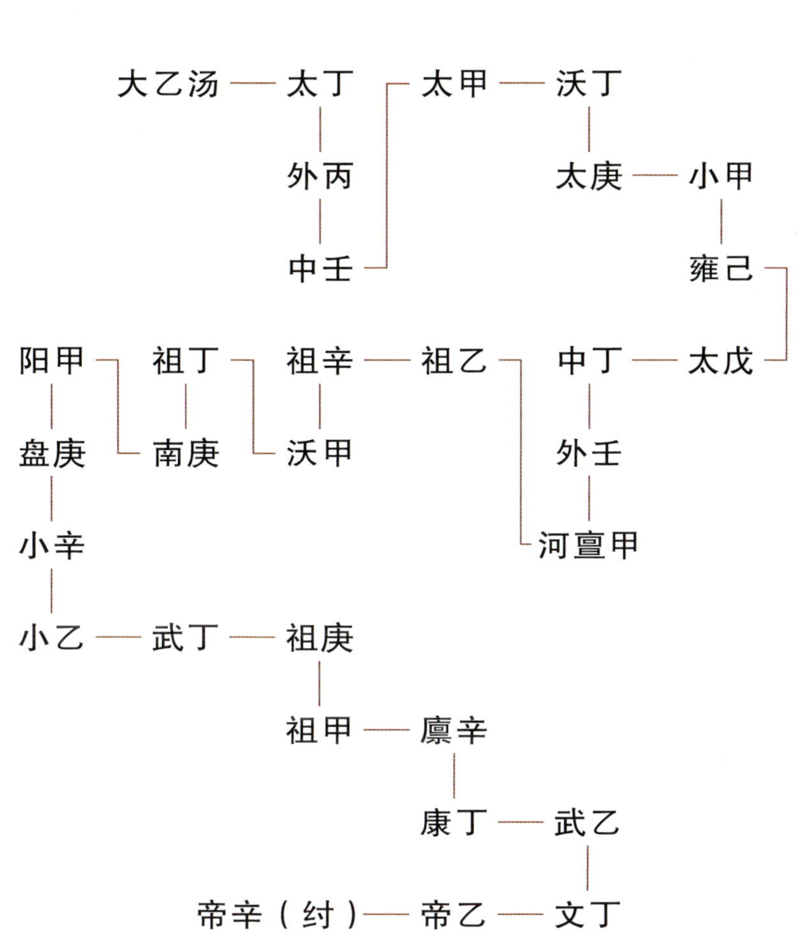

早商时期（约公元前 17 世纪 ~ 约公元前 14 世纪）商王世系

本世系参照《史记·殷本纪》和甲骨卜辞排序。这一世系显示，以商王武乙为界，武乙之前存在父死子继与兄终弟及并重的王位继承制度，武乙之后采用传子制。共经历 17 世 31 王，约 500 余年。世系表存在另一版本。

第3章 封建之始——西周王朝

武王伐纣——部落大斗法

西周王朝，是中国历史上第三个王朝国家。西周时期，政治及经济制度日趋完善；到了西周中期以后，西周王室日益走向没落。

周族起源

《史记》记载，一位名叫姜嫄的女子，一次在野外出游时，看见一个巨人留下的脚印。她踏上这个脚印，便有了身孕，生下一个男孩。这个男孩来历不明，被视为不祥

甲骨文和金文所见“周”字
左边“周”字像疆域齐整的“田”。右边的“周”字则在“田”下增加“口”。

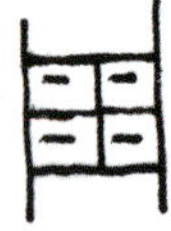 

先周文化陶器
商代
北京大学赛克勒考古与艺术博物馆藏

之人，多次被人抛弃；但是每次都出现异象，有人把孩子救回，最后他由母亲抚养成人。由于多次遭到抛弃，男孩被称为“弃”。弃，就是周人尊奉的始祖。从故事可知周族经历过“只知其母，不知其父”的母系氏族社会。

弃长大后喜好农耕，并传授种植五谷的技术。帝尧任命他为农师。帝舜即位后，将邰这个地方加封给弃，以“后稷”为号，逐渐兴盛起来。

后来，周族迁到岐山南面山脚下的周原，学习东方的商文化，建筑城郭，兴建宫室，设置官吏，建立了自己的国家。周人立国之所以称“周”，或许与“周原”这个地名有关。

考古发现，周人立国以前已经掌握青铜铸造技术，有了文字，社会已有不同的阶层，这些都说明先周文化属于青铜文化。

翦商大业

周的第十四位先公季历即位后，打败了西北方众多戎狄部落，威震西陲，势力威胁到商王朝，导致商王文丁杀了季历。

季历的儿子姬昌即位，是为文王。他继续征服周围部落方国，并且在沣水西岸建立新都丰邑，号称“西伯”。

利簋
西周
1976 年陕西临潼出土
有 32 字铭文，铭文记载了武王克商事件。

周的崛起，使商王朝感到更大的威胁。商王帝辛（纣王）便一度将姬昌囚禁在商都附近的羑里。

文王死后，其子姬发即位，是为武王。后来，帝辛杀王叔比干、囚禁王叔箕子。武王立即与众多部落方国兴师伐商。当时，周的兵力有甲士 45000 人、勇士 3000 人、战车 300 辆。

周人的军队攻入朝歌城，纣王登鹿台自焚身亡，历时 500 余年的商王朝被推翻。据估计，武王克商发生于公元前 1046 年。

禽簋

西周

23 字的铭文记载了周成王伐叛乱事件。

◦ 周公旦摄政

武王于克商二年后去世。即位的成王十分年幼，由武王的弟弟周公旦摄政。武王两个弟弟管叔鲜和蔡叔度不满，联合了商王朝的残余势力以及东方的部落方国起兵反叛。

周公旦亲自率领军队东征，经过长达三年的激烈战争，管叔被杀，蔡叔被流放，商纣王之子武庚北逃，参加叛乱的东方部落方国被平定。

青铜人形车辖
西周
河南洛阳北窑西周墓地出土

周公东征后，营建洛邑，驻军八师，把旧殷遗民迁移到这里，直接控制。坐落在关中平原的首都镐京，因属于周人兴起的根据地，被称为“宗周”。坐落在东方的洛邑，被称为“成周”。

成周城规模相当可观，城内建有宗庙、社稷坛、宫殿和道路。遗址内已经发现殷人墓、铸铜作坊等重要遗迹，并出土大量青铜礼器、兵器等。

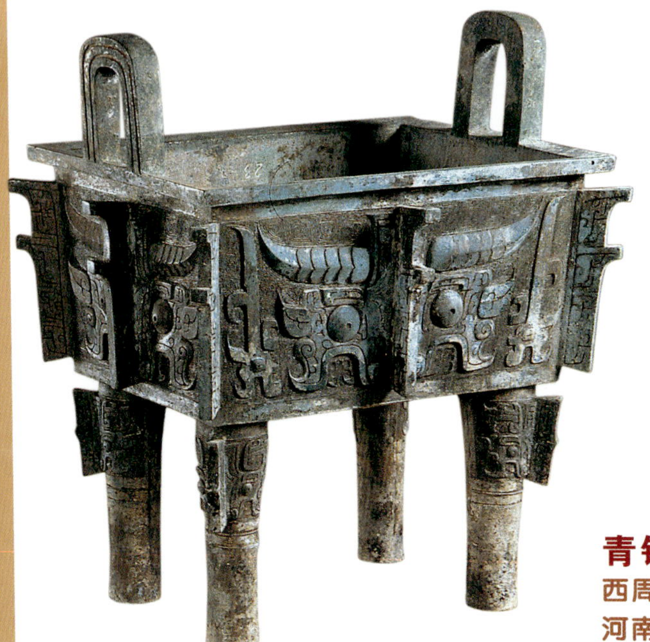

青铜方鼎
西周
河南洛阳北窑西周墓地出土

《封神榜》是怎么回事？

《封神榜》为后世创作的作品。西周灭商之后，没有封神，而是大行封建。“封建”一词在古代的含义，就是封邦建国。按照《史记》的说法，黄帝、尧、舜时期，都还没有封建之事，商代也没有。分封制度，应该是由西周时期开始。

◦ 封建诸侯

武王灭商之后，分封诸侯国，以保卫周朝。分封的诸侯国数量很多，既有同姓国，也有异姓国。武王封商纣王的儿子武庚于殷，又派自己的弟弟霍叔、蔡叔、管叔领兵驻扎在殷都附近，史称“三监”。

周公东征，平定三监之乱以后，再次大规模分封。

周代的分封，目的是确保周王朝对各地的控制，以维护天子之尊。

◦ 遍布各地的诸侯国

西周时期分封的诸侯国，难以一一考定。目前取得考古线索的，包括卫、管、鲁、燕、晋等。卫国是武王之弟康叔的封国，都城朝歌，统辖地域大致在河南北部和河北南部。

青铜斧
西周
据传在河南浚县出土，斧上带有“康侯”铭文

鲁是周公旦之子伯禽的封地，在山东曲阜、邹县一带。在鲁国故城不但出土了西周时期青铜器，更发现了冶铜遗迹、制陶遗迹和墓葬等遗存。

青铜壶
西周
山东曲阜鲁国故城出土

北京房山琉璃河遗址，已经确认就是燕国的始封地。遗址的考古发现包括残存的城墙、房基、废弃物堆积坑、护城壕等。

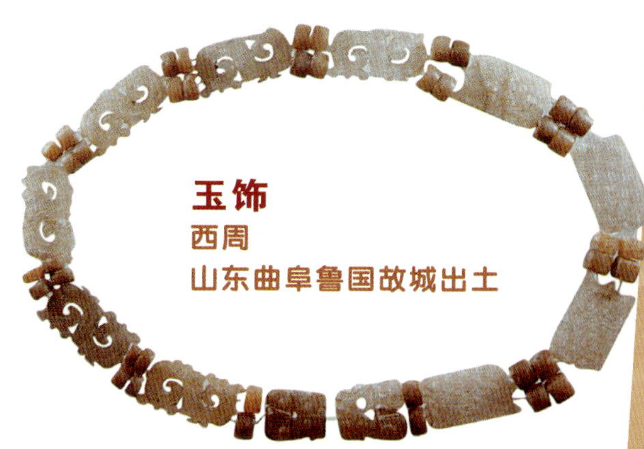

玉饰
西周
山东曲阜鲁国故城出土

青铜器
西周
1974 年北京房山琉璃河黄土坡西周燕国墓地出土

青铜器
西周
辽宁喀左马厂沟出土

君无戏言

西周初年，唐这个小国家被周公诛灭。成王有一次同弟弟叔虞开玩笑，把一片削成圭形的桐叶封给叔虞。一位大臣却说，天子是没有戏言的，说出来的话，是要被史官记录下来的，不能不算数。于是成王封叔虞于唐，叔虞从此也被称作“唐叔虞”。到了叔虞的儿子时，因都城依傍晋水，而改唐为晋。

带“晋侯”铭文的青铜鼎
西周
山西曲沃天马—曲村遗址北赵村
晋侯墓地出土

应国为周公所封，属姬姓国。依据商代甲骨文和其他文献，可知应国在商王朝时期就已存在。

带“应侯”铭文的青铜器
西周
河南平顶山应国墓地出土

宜侯青铜器
西周
江苏丹徒出土
宜国是姬姓之国。铭文记载了康王之时改封虞为宜的事迹。

天子号令，天下不从——西周王室衰落

西周王朝由文王、武王开创，到成王、康王时期趋于稳定，从昭王、穆王之时开始走向衰落。到了夷王的时候，甚至出现了周王下堂见诸侯的场面。

民族积怨

西周王朝与周边民族的关系一直紧张。从西周昭王（第四代周王）游历南方未能回来的记载，可略知一二。

南方有一个名叫“越裳”的方国，准备向周王朝进贡白野鸡。贡品还没送来，昭王就亲自带领人马去取，顺便游历南国风光。这一举动引起沿途方国的不满。昭王途经汉水时，楚国人为昭王提供了用胶黏合的船只，船驶到河中心时解体，昭王落入汉水淹死。

在出土的西周时期青铜器铭文中，记载有昭王讨伐荆楚的战争。昭王的死很可能与南征楚国有关。

传说，西周穆王（第五位周王）乘着马车西游，遇见了水神河伯，登昆仑山参观了黄帝的宫殿，沿途接受了赤乌人赠送的美女，在黑水封赏了长臂国人，更见到了拥有不死药的西王母。这个故事充满神话色彩，但也反映了西周王朝与西方民族的交往情况，有时也会兵戎相见。

战争消耗了西周王朝大量的人力物力，加速了西周王朝的衰落。

禹鼎

西周

传陕西岐山出土

207 字的铭文记述了周王出兵征讨淮夷、东夷的事迹。

。社会贫富悬殊

出土的遗址中，巍峨的宫殿群与半地穴式的地窟，规模宏大并附有车马坑、人殉和丰富陪葬品的大墓与小得仅能容身、以席裹尸的小墓，都显示出西周中期，社会出现严重贫富悬殊的现象。

按照宗法继承制度，一部分贵族的地位会不断下降，最后沦为一般平民。这部分人被称为“国人”，以平民为主。

青铜刖人守囿挽车
西周
1989 年山西闻喜出土
“刖”是古代一种砍掉人脚的酷刑。“囿”是古代饲养禽兽的园子。

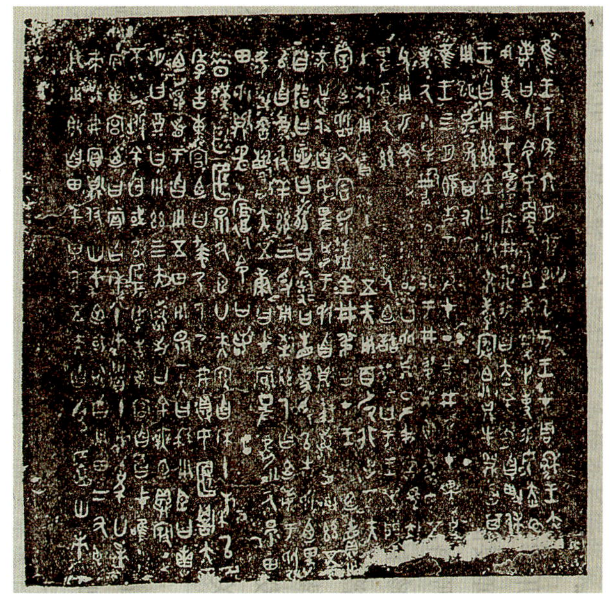

青铜鼎铭文

西周

铭文内容涉及西周时期奴隶的卑下地位和低贱价格。

中国历史的确切纪年，始自共和元年（公元前 841 年）。有一件青铜器的铭文记载了这一年发生的一件大事，西周王朝的首都宗周爆发了暴动。暴动者以国人为主，他们攻入王宫，迫使厉王逃离首都。

暴动的原因是厉王与民争利，引起国人不满。周厉王强硬镇压，国人在道路上相遇都不敢说话，只能用眼神表达自己的情绪。厉王为此十分得意地说："我能使诽谤消失。"召公向厉王进谏："要想堵住人民的嘴，不让他们讲话，就好比想要堵住河流。河流因被堵塞而冲破堤岸，一定会伤害很多人，对待人民的道理也是这样。"这就是"防民之口，甚于防川"的由来。

不出三年，终于爆发了暴动，厉王出走，首都宗周陷入一片混乱。于是，周公和召公临时主政，收拾残局，史称"周召共和"或"共和行政"。

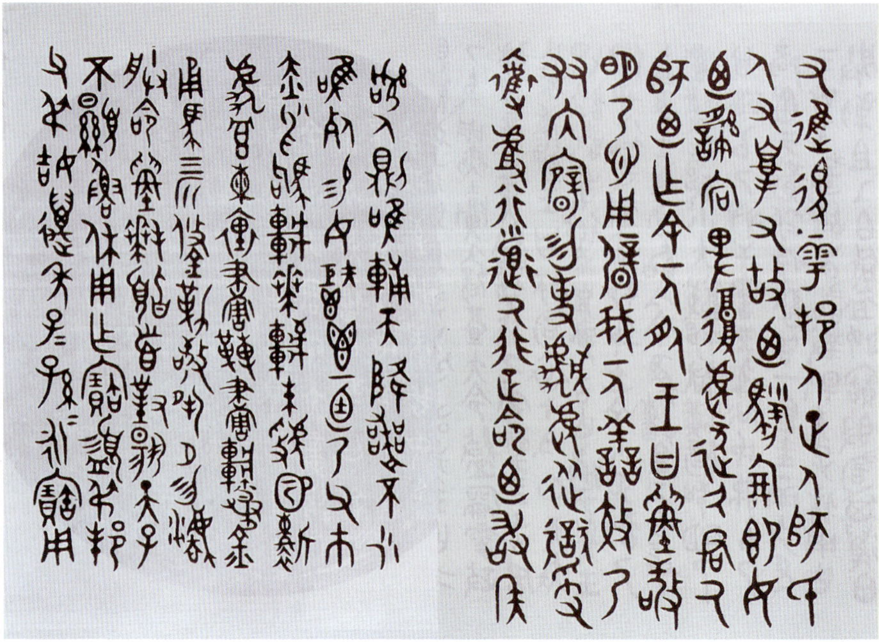

青铜食器上的铭文
西周

◦ 诸侯坐大

在周初分封不久，诸侯国占地不大，实力有限，要与西周王室互相支援和依赖，起到夹辅周王室的作用。后来，各封国的力量逐渐强大，而西周王室却因不断分封而地盘日益缩小，甚至不得不将王畿（国都附近的地区）内的土地用来分封。

在日益坐大的诸侯国面前，天子的号令愈来愈失去号召力。到幽王时，周王室已经失去了共主的威望。

祭祀有乐，宴享有礼

西周时期的宗法制度，是依靠血缘关系来维持社会秩序的。在这种制度下，社会等级分明，礼乐也随之发展。

◦ 宗法等级

宗法制度依靠血缘关系，对同宗族内的人区分嫡庶、长幼、亲疏，确立各级继承关系。每个成员都要遵守伦理规范和行为准则，共同尊祖敬宗，以维护社会秩序。这种层层相属的宗法关系，使族权与政权合一。

西周时期有所谓的“世卿世禄”，是指贵族享有世袭卿（官名）的权利，被封赏的田土、家臣、俸禄等也是世袭的。

师酉簋

西周

106 字的铭文，记载了周懿王命令师酉继承祖先官职的事情。

墙盘及铭文

西周

1976 年陕西扶风庄白铜器窖藏坑出土

河南三门峡出土7件青铜列鼎

西周社会等级制度分明，人间有等级，鬼神有等级，对鬼神的祭祀也有等级上的限制。王子、卿大夫、士、庶，各有自己祭祀的对象。祭非所祭就是非礼，在政治上则为僭越，就是犯了不可饶恕的罪过。

。礼乐文化

乐是礼的一部分，当然也有等级之分。乐有多种形式，祭祀时行礼与乐配合，称为“庙堂乐”；朝聘时行礼与乐配合，称为“朝廷乐”。

当时举行宴享或祭祀活动时，用不同的鼎分盛猪、羊、鱼肉。例如天子用九鼎；卿大夫用七鼎；大夫用五鼎；士在特殊场合用三鼎，一般情况下用一鼎，这就是所谓的列鼎而食。

其他器物数目也都有相应的规定。马车和马的数量、车马的装饰物、青铜乐器的数量与组合、漆器的使用、玉器的使用等差别，都是礼乐制度的表现。

。农业、手工业与商业

西周时期的农具，大多数是利用木、石、兽骨和蚌壳制成，例如铲、刀、斧等。也有很少量的青铜农具。

西周时期的青铜工具

西周时期的手工业发展又进一步。周王室和诸侯国都拥有各种手工业作坊，有管理各种专门技艺工匠的官员。

西周时期的纺织痕迹，多发现于贵族墓葬中。当时已有养蚕和丝织技术。相信一些复杂的花纹图案是使用专门的织机来绣制的。

西周时期，庶人也开始将贝当作货币使用，不过，以物易物的贸易形式仍然存在。

交通工具以马车地位最高，车体髹漆彩绘，马配有青铜马具和銮饰，一般用于乘坐、狩猎或作战。牛车一般用来运输物资。人力车较小，一般为平民使用。

丝织品
西周
陕西宝鸡茹家庄出土

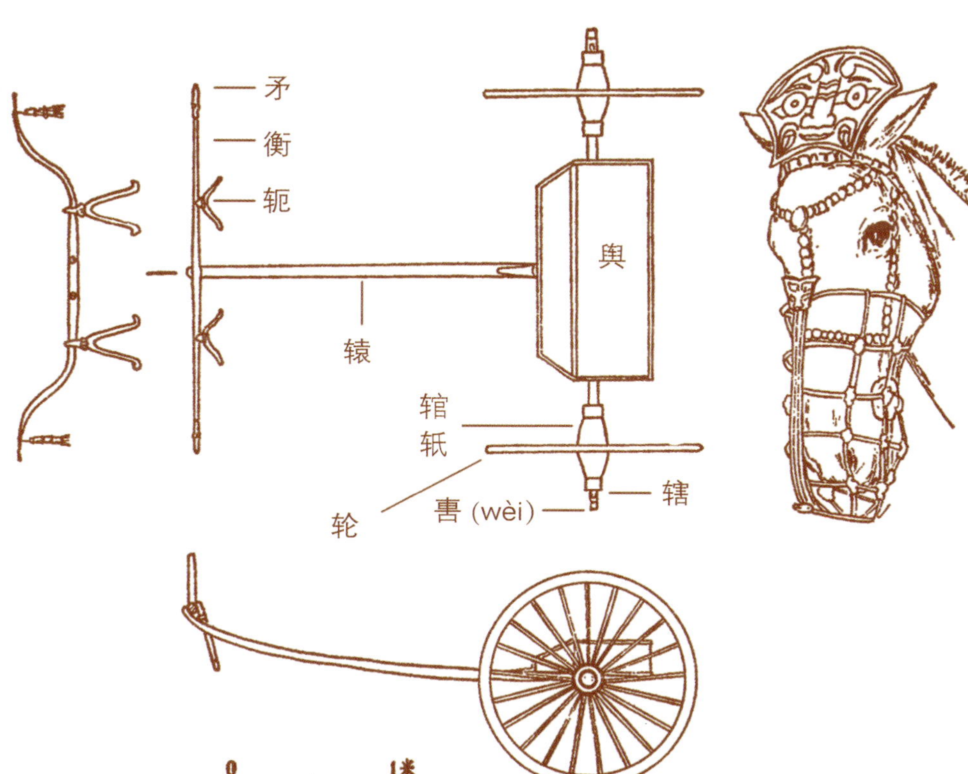

马车与马辔复原图
西周
根据陕西西安张家坡车马坑出土马车复原

第4章

追踪各据一方的古族

东夷夺位！夏商周的巨大威胁

古代中原地区一般被称为“华夏”“中州”“中国”，而生活于中原地区周边的民族则被称为“夷”“狄”“戎”“蛮”。不少人都以为这些民族远远落后于中原地区，真的是这样吗？

◦ 东方地区

古时中原地区的人称生活在东方的人为“夷”。所谓东方地区，主要指今天黄河下游和淮河中下游地区。古书中有“九夷”之称。所谓九夷，只是形容支系繁多，而不是只有这九种的意思。

◦ 东夷文化

夏王朝与东夷之间常有冲突，例如东夷的首领伯益与启争夺王位、后羿篡夺了夏王朝的王位等。

夏代末年，商族自北向南发展，夷、商联盟，共同灭夏。商王朝建立后，双方因领土扩展问题发生冲突。夏、商王朝都因与东夷战争而耗费巨大的人力、物力，元气大伤，这是夏、商王朝灭亡的重要原因之一。

岳石文化陶尊
夏、商时期
1986 年山东泗水出土

岳石文化陶罐
夏、商时期
1986 年山东泗水出土

西周初年，东夷帮助武庚叛乱，被周公历经三年的东征击败。到西周穆王时，夷人再一次合力对抗西周王朝。

属于东夷古族的岳石文化遗址发现有青铜器，显示他们已经进入青铜时代，属于青铜文化。

◦ 淮夷文化

有关淮夷的记载，多见于周代以后。淮夷的活动范围以安徽江淮地区为中心。从出土的遗存推断，淮夷文化属于青铜文化。

青铜器
商代
1957年安徽阜南月儿河出土

淮夷原始瓷
西周
1959 年安徽屯溪出土

西周时期，部分东夷南下，壮大了淮夷的势力。

在西周青铜器铭文中有不少记载征伐淮夷、南淮夷的内容。南淮夷在厉王时甚至侵入西周王朝的腹地，危及周王朝的安全。

天苍苍，野茫茫——进击的牧民

在古代，活动于北方地区的民族被泛称为“狄”。狄也写作“翟”，指一种长尾野鸡。古代一些游猎民族往往用野鸡漂亮的长翎毛作为头上的冠饰，因此得名。

他们以游牧和狩猎为主，主要分布于秦晋以北的黄土高原和燕山一带，而且也各自发展出不同的文化。

燕山访古

夏、商、西周时期，在燕山山地及周围地区的古代文化主要有雪山二期文化。据学者考证，传说人物共工曾与颛（zhuān）顼（xū）争帝位，又被尧、舜流放于幽州，终遭夏禹放逐。雪山二期文化大体与这样一段历史传说相符。

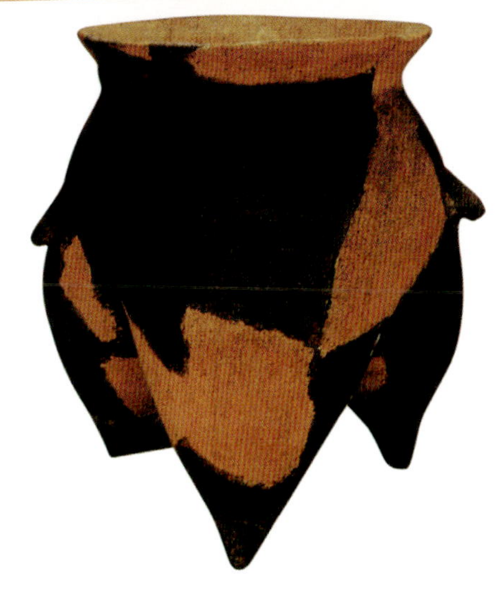

雪山二期文化陶器
原始社会晚期至夏代
北京昌平雪山遗址出土

◦ 鬼方

在黄河两岸和内蒙古中南部，这一带出土的青铜武器、工具和装饰品，都具有鲜明的北方地区文化特色，比如兽首刀、环首刀、铃首剑、蛇形匕、带铃车饰等。另外，用黄金制作的弓形器、耳饰也都体现出北方文化特色。

鬼方是商王朝西北方向一个强大的部落方国，与商、周多次发生战争。周康王时有一次征讨鬼方，斩杀4800多人，俘虏13000人，缴获战车30辆和牛350头。

龙纹铜觥
商代
1959年山西石楼桃花庄出土

高原牧民

学术界以前认为，在内蒙古鄂尔多斯地区出土的青铜器，应属于春秋战国时期。近年来考古发现表明，在朱开沟文化晚段已出现数量丰富的青铜器，其中的环首短剑和环首短刀，将鄂尔多斯青铜器的时代提早到商代早期。

朱开沟文化遗址出土的青铜器，包括礼器、兵器、工具和装饰品。石器有铲、镰、刀、杵等农具，也有石球、细石器等狩猎工具。骨器有农具、狩猎工具、手工业工具和生活用具。另外，还有陶、石质的纺轮出土。卜骨采用动物肩胛骨。

当地居民最初以定居农业为主，随着气候变化，逐渐转向半农半牧，同时也拥有铸铜、制陶、制骨、纺织、缝纫等手工业。社会贫富差距明显，男女地位差别显著，出现了巫师和军事武装。可以说，朱开沟文化属于一个区域性的方国文明遗存。

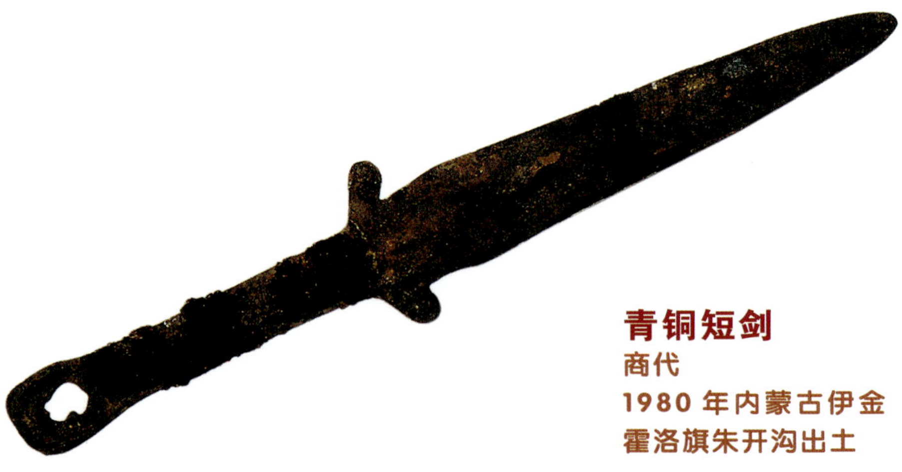

青铜短剑
商代
1980 年内蒙古伊金霍洛旗朱开沟出土

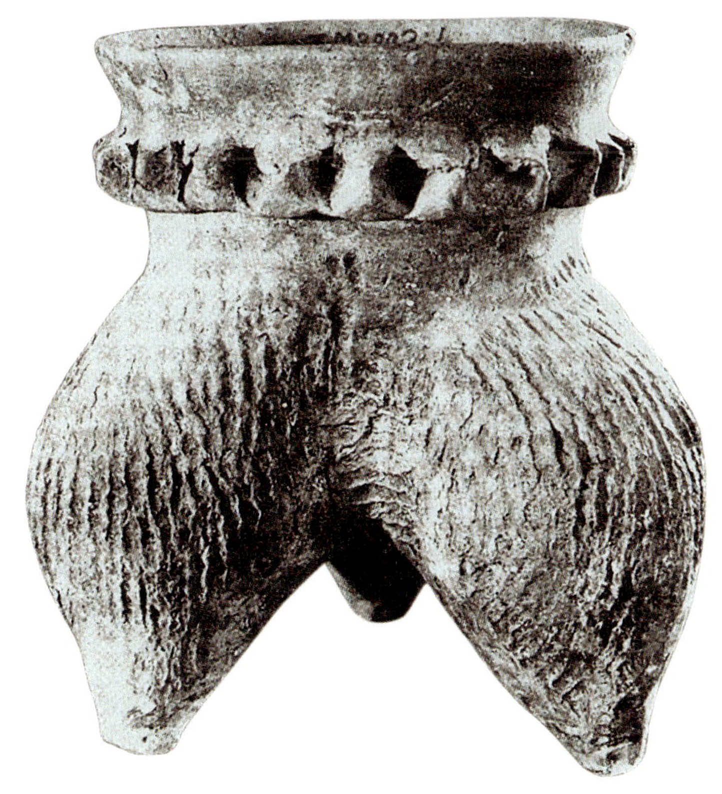

朱开沟文化陶器

夏、商时期

内蒙古伊金霍洛旗朱开沟出土

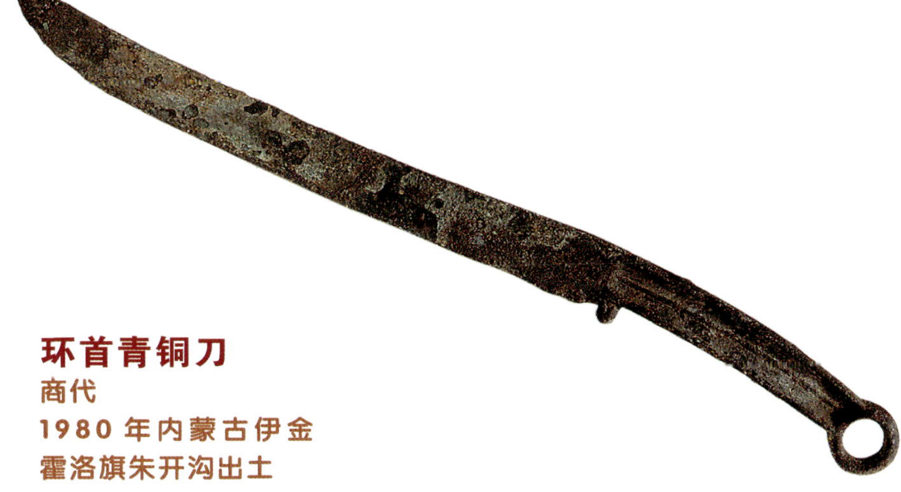

环首青铜刀

商代

1980 年内蒙古伊金

霍洛旗朱开沟出土

灭商同盟——与武王联手的西方羌族

早在商代初期，羌族已与商王朝接触，其后双方更爆发了惨烈的战争。古代羌族的主要活动地域在今天青海、甘肃一带。

羌笛余音

夏、商、周时期，西部生活着古老的游牧民族羌族。商王成汤之时，羌臣服于商，经常朝觐商王，贡献祭祀物品。后来，羌与商王朝爆发战争。商王武丁进攻氐羌时，调集兵力最多达 13000 人。甲骨文中也有“征羌”“获羌”的记录，数以百计的羌人俘虏被用于祭祀，或者成为商王朝的奴隶。最后羌人加入武王联盟，合力灭商。

◦ 甘青文明

夏、商、周时期，甘青地区与羌族有关的考古学文化有齐家文化、四坝文化和辛店文化。

齐家文化约在公元前 2300 年至公元前 1900 年之间，相当于原始社会末期至夏代早期。以农业为主，遗物中发现有猪、牛、羊的下颌骨，显示当时也有畜牧业。

齐家文化铜刀
原始社会至夏代
1959 年甘肃武威皇娘娘台出土，为纯铜锤击制成

齐家文化铜镜
原始社会至夏代
1975 年甘肃出土

四坝文化彩陶罐

夏、商时期

1987 年甘肃民乐东灰山出土

四坝文化属于半农半牧。在遗址中也发现了不同的青铜器。

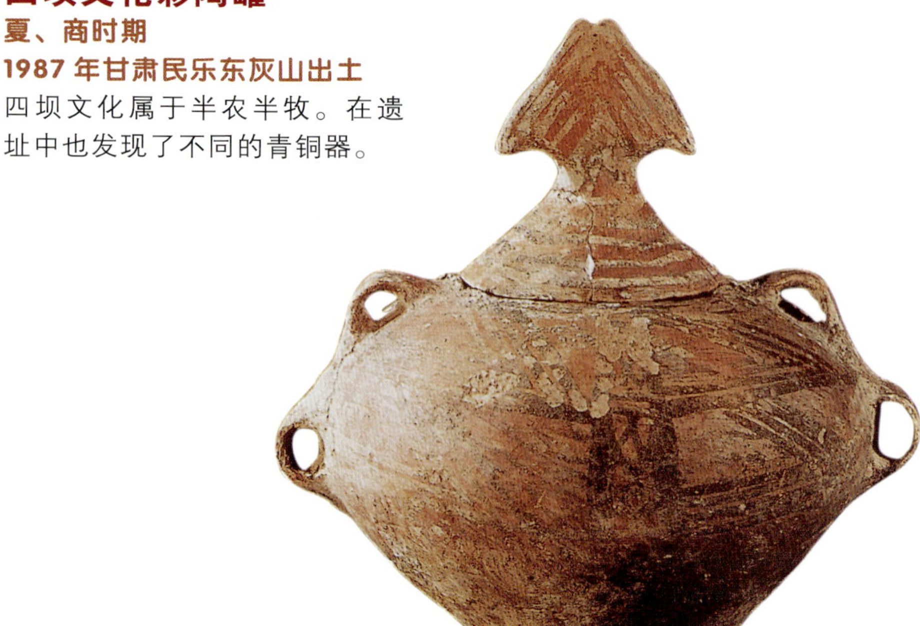

辛店文化彩陶罐

夏代晚期至西周晚期

1956 年甘肃临洮郭家坪出土

“蜀道难，难于上青天”的南方古蜀国

在南方地区的多种文化之中，以代表古蜀国文化的三星堆遗址最为人熟知。根据古籍记载，早在传说时期的黄帝年代，蜀这个古老民族就已经存在。李白的诗句“蜀道难，难于上青天”，便生动地形容了蜀地的地理形势。

◦ 苗蛮文化

苗蛮主要活动于湖北江汉平原和河南南部地区，由众多部落和氏族组成，比较重要的有九黎（或“重黎”）、三苗等古族。夏代的大禹，便曾经与三苗古族进行过激烈的战争。

石家河文化陶羊
湖北天门石河遗址出土
石家河文化的陶器以灰陶为主。

学术界认为，石家河文化与三苗古族有着密切的关系。遗迹中发现数以千计的陶塑小动物，如鸡、鸟、狗、羊、猪、象等，也有人形陶塑。遗迹还显示当时可能已出现冶铜手工业。

◦ 巴蜀文化

巴、蜀是两个十分古老的民族。夏代以前就有巴国，夏王启的臣子孟涂作为巴地管理神，处理民间诉讼，极其灵验。商代甲骨文记载，商王武丁曾经派军队征伐巴方。西周王朝时期，巴成为周王朝控制的南土，曾向西周王朝进贡比翼鸟。

蜀在原始社会晚期的黄帝之时，就与华夏之人交往，《史记》甚至称蜀人为黄帝的后代。商代之时，蜀是一个势力强大的方国，并参与了武王克商。

夏、商、周时期，古蜀国大致分布于成都平原，直到秦吞并巴蜀。

在四川有一个名叫“三星村”的村庄，在流经该村

庄的马牧河的南岸有三个土堆，被称为“三星堆”。

考古学家在三星堆遗址中发掘出丰富的遗存，如精美的金质面罩和权杖、独特的青铜面具和人像、富有特征的陶器等。

金质四鸟绕日饰
商、周时期

石跪人
商、周时期
2001年四川成都金沙村出土

四川成都羊子山祭祀土台

十二桥文化以成都市区十二桥遗址为代表，在其周围发现遗址群，包括大型宫殿址、祭祀土台、干栏式建筑等。

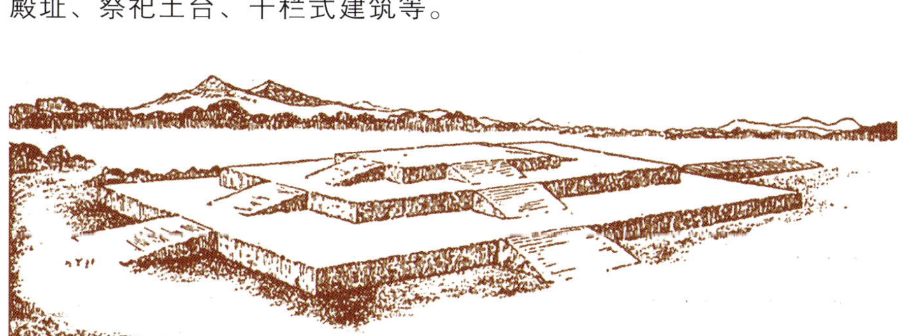

铜人头
商、周时期
1986 年四川广汉三星堆遗址出土

金杖
商、周时期
1986 年四川广汉三星堆遗址出土
图为金杖上端细部。

越人文化

越人是生活在中国东南和南部地区的具有悠久历史的古老民族。至少在商代早期，越族已经形成，由于不断地繁衍，到东周时期有了“百越”之称。

有学者认为，越人之所以被称为“越”，与其善于用钺有关。考古发现，南方使用的钺类工具比较多见。

石钺
原始社会至夏代
1997 年浙江遂昌县好川墓地出土

青铜神像
商代
1989 年江西新干大洋洲商代大墓出土

青铜时代，铜矿资源对于商王朝具有很强的吸引力。商王武丁便曾经派兵深入南方荆楚，以控制和掠夺铜矿资源。

印纹硬陶罐
夏、商时期
1960 年上海马桥遗址出土
质地坚硬、敲之铿然有声的硬陶器。

◦ 闽人与闽文化

闽人主要活动在福建省。商周之际，闽是存在于中国东南地区的古老方国。

商周时期，福建地区最具代表性的文化，可说是黄土仑文化。在其遗址中出土的陶器，陶质十分坚硬，其中觚形杯、凸棱节状柄豆（豆是一种容器）、凹底尊等都极富地方特色。

印纹硬陶杯
商代
福建闽侯县出土

青铜铙
商代
1983 年湖南宁乡月山铺出土

黄土仑文化的青铜器多为小型工具和兵器，既有中原地区商文化铜器风格，又有浓厚的地方色彩，有些铜器上所饰的纹饰与陶器上的几何纹饰非常相似。

福建地区缺少铜、锡矿资源，青铜容器比较少见。也正因如此，闽人在制作陶器时会模仿铜器风格，以弥补青铜礼器数量不多的问题。

青铜象尊
商代
1975 年湖南醴陵出土

青铜四羊方尊
商代
1938年湖南醴陵出土

古代闽人存在崇蛇习俗。闽人崇蛇与生活环境有关，这一带炎热潮湿，因此多蛇。闽人对蛇采用敬畏崇奉的方式，意在免遭蛇害。

另外，在湖南还发现一批青铜礼器窖藏坑，其中出土有四羊方尊、人面纹方鼎、豕尊、象尊、牛尊等商代青铜礼器。

第5章

夏商周的礼俗与科技

遇疑难，问神仙

文化包括了什么？文化包括宗教习俗、文学、艺术、建筑和科学技术等方面，包罗万象，与日常生活息息相关。

夏、商、西周时期，人们对鬼神十分敬畏，在日常生活中举行不同的仪式与鬼神沟通，以听取鬼神的意见，乞求鬼神降福保佑。

占卜术

占卜出现于原始社会晚期，夏、商、西周时期的占卜术遗存，主要是卜骨，也有一些与卦数有关的文字。

卜骨出现于原始社会晚期，是将动物骨骼烧灼后，利用骨骼上炸裂的痕迹来判断事情的凶吉。

二里头文化卜骨
夏代
河南偃师二里头遗址出土
羊肩胛骨

考古发现证明，早在新石器时代就出现了占卜用甲骨。夏代继承了这种骨卜的习俗，骨料大多选用猪、羊、牛肩胛骨，也有少量用鹿角、龟甲。

商代出土的卜骨数量很多，骨料选材也更为广泛，发现有龟、鹿、虎、象、人骨等材料。从占卜刻辞可以看出，商人十分迷信，几乎遇事必卜。

占卜龟甲正、反面比较图示
河南安阳殷墟出土

周初甲骨占卜仍是重要的占卜形式，遗址发现的甲骨多达 17000 多片。后来由于筮法（用蓍草占卜）盛行，甲骨占卜已逐渐失去此前的显赫地位。

青铜钻与牛肩胛骨

河南安阳殷墟出土卦象

◦ 祭祀

夏、商、西周王朝时期，人们用祭祀来表达对神灵的崇拜，祈求神灵的降福和保佑。在当时，祭祀与战争是头等重要的两件事情。

商王朝经常举行各种祭祀，其仪式十分复杂。殷人所尊的神，除上帝和其他天上诸神，如日、月、星及众气象神外，主要是祭祖先神和自然神。

在占卜和祭祀中，沟通人神的中介者统称为“巫”，其中主持仪式的称为“祝”，管理仪式的称为“宗”。商代的巫在王室中有重要地位。

在商代，巫师主要的职务除贯通天地外，还掌握天文历法、医药、卜筮等知识。

夏、商、西周时期的人们，认为万物有灵，天下万物都有灵魂。这种宗教信仰，主要反映在三方面，即帝、天崇拜，自然崇拜，祖先崇拜。

◦帝、天崇拜

帝、天崇拜，即是对超自然神秘力量的敬畏和崇拜。

夏王朝已出现上帝崇拜。上帝具有超自然神的色彩，甲骨文中有帝令雨、令雷、令风、降旱、左右祸福的记载，表明商代的“上帝”可以主宰自然和帝王的命运，可以赐福保佑，也可以降祸惩罚，具有很大的权威。

到了商朝，上帝拥有崇高地位，具有控制风、雷、雨等天象，控制作物收成，左右战争等权能，但未达到拥有无限权威的程度。

西周时期的上帝观念与商人有所不同，上帝已经成为至高无上的神和王朝的保护神。

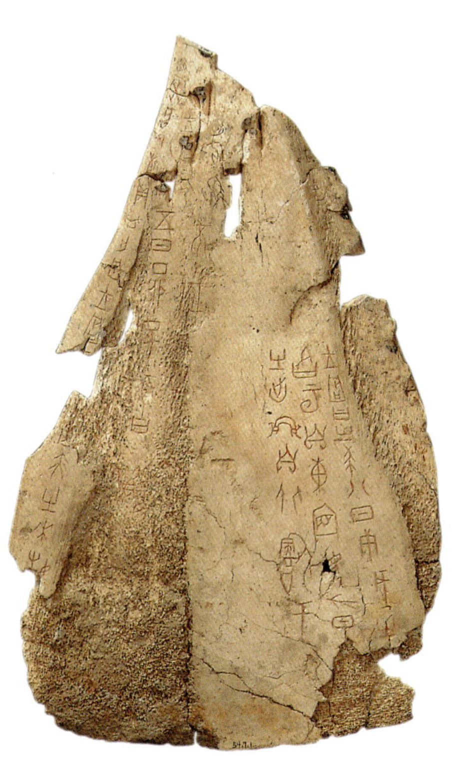

记载祭祀、狩猎、天象等内容的甲骨文

商代

河南安阳殷墟出土

卜辞的内容涉及商王武丁祭祀仲丁、狩猎坠车事件、用羌人祭祀、天象等不同内容。

在周代，人们将"天"视作神祇。天具有主宰王朝的兴亡、选立君主、降祸福于人世等权能。周取代殷商王朝之后，在"帝"的基础上，结合了"天"，用"天命""皇天上帝""昊天上帝"表示天具有至高无上的权能，周王则为受天命统治天下的天子。

与商代有所不同的是，西周王朝的统治者认为“天”不仅是自然和社会万物的主宰，还是统治者道德的监督者。

。天体崇拜

当时的人们对于自然现象常常不解其因，由此产生敬畏和崇拜。这类崇拜大致可以分为天体崇拜、气象崇拜、山川崇拜与动物崇拜四类。

崇拜的星体包括太阳、月亮以及其他看得见的星辰。

目前有关夏、商、西周时期祭祀星辰的文物较少。西汉以前存在许多专门供奉参、辰、南北斗、太白、岁星、填星、二十八宿等众星神的庙宇。

。气象崇拜

甲骨文中可见四方的风神名称，卜辞中常见卜问风是否会停下来、是否带来灾害的记录，可见当时的先民非常忧虑风的破坏力。

从远古时代开始，人们就认为有雨神存在。传说中的应龙（有翼神龙）就是一位雨神。周代称雨神为“雨师”。

天亡簋
西周
传清道光末年陕西岐山礼村出土
簋内底部有 78 字的铭文，记载周武王灭商后在“天室”举行祭祀大典，祭告其父周文王，并取代商王来祭祀天上神帝的事件。

◦ 山川崇拜

因土地养育万物，故古人将其作为“土”“后土”神祇。甲骨文中有卜问“土”的记录，这里的“土”就是

“社”。夏、商、西周时期祭社一般用牛、羊，甚至用人作为牺牲。

动物崇拜

夏商周时期，动物与宗教活动有密切联系。目前所见，夏、商、西周时期文物中出现的动物有蛇、虎、鸟等。

蛇属于两栖爬行动物。甲骨文和金文中有“蛇”字。商、西周时期蛇的形象主要出现在青铜器、金器、石器上，一般作为纹饰。

虎号称兽中之王，是古代“四象”之一。商、西周时期，除了甲骨文和金文中有关于虎的记载之外，虎的形象在同时期的陶器、青铜器、石雕等文物上都可以见到。

甲骨文和金文中有“鸟”字。传统的看法认为玄鸟为商族所崇奉，商人认为鸟具有通神的法力。

龟有硬甲，寿命较长。甲骨文和金文均有其象形字。文物所见龟的形象最早可至原始社会晚期的玉器，夏、商、西周时期出土文物也可见到陶龟、玉龟。

龙具有呼风唤雨、变化莫测的本领。甲骨文和金文中均有“龙”字。夏、商、西周时期，龙的形象多与蟒蛇相关联。

凤属于传说中的祥瑞鸟，甲骨文、金文的“凤”字，造型突出其华丽尾羽和冠羽。

不同的动物形象

青铜虎尊
西周
湖北江陵出土

虎形象盛酒器
商代
传湖南安化出土
藏于法国巴黎市立赛努奇亚洲艺术博物馆（La Tigresse du Musée Cernuschi）

石蛇
商、周时期
2001 年四川成都金沙村出土

玉石鸟
商代
1998 年山东滕州（原“滕县”）
前掌大遗址出土

玉凤
商代
1976 年河南安阳殷墟妇好墓
出土

玉龟
商代
1976 年河南安阳殷墟
妇好墓出土

玉龙
商代
1976 年河南安阳殷墟妇好墓出土

青铜龙
西周
1992 年陕西扶风县召公镇海家村出土

用来献祭的动物们

夏、商、西周时期与宗教礼仪有关的遗存，大致可分为三类：宗庙与祭坛、牺牲、礼乐器。其中以牺牲及礼乐器的数量居多。

◦ 牺牲

夏、商、西周时期的祭祀活动不断，并且经常用动物来祭祀。在这时期的遗址中，经常发现动物的骨架或肢体残骸，其中以牛、羊、犬、豕等动物比较多见。

玉牛
商代
1998 年山东滕州（原“滕县”）前掌大遗址出土

甲骨文和金文中均有“牛”字，硕大的牛角成为牛的象征。每一次祭祀活动中用牛的数量不等，最少的用一头，最多的用数百头。

甲骨文和金文以弯曲的羊角表现其主要形象特征。羊的谐音常常被人们用来寓意吉祥。祭祀中用羊比较普遍。

青铜双羊尊
商代

青铜鹿
商代
1989 年江西新干大洋洲出土

犬因对主人忠诚，在狩猎、护卫中表现勇猛，成为人类亲密的伙伴。夏、商、西周时期，犬往往被当作辟邪的灵性。商代甲骨文中用犬祭祀的记录比较多见。

豕就是人们通常说的猪，甲骨文和金文所见“豕”字，突出其肥胖的身躯。夏、商、西周时期常用猪作为祭祀牺牲或陪葬。

青铜猪尊
商代
1981 年湖南湘潭
船形山出土

驹尊
西周
陕西眉县（原“郿县”）出土
驹尊胸部有铭文 94 字，记述了周王举行幼马升为役马的执驹典礼，并赏赐贵族两匹马驹的事情。

甲骨文中有用弓箭和陷阱等方法捕猎鹿的记载。考古发现，夏、商、西周时期，鹿也被用作宗教活动中的牺牲。鹿的头盖骨、角等还被用作占卜材料。

甲骨文和金文中均有“马”的象形字。夏、商、西周时期马常用于殉葬，卜辞中也有用马做祭祀牺牲的记录。

鱼在甲骨文和金文中都有对应的象形文字。甲骨卜辞中有捕鱼、用鱼祭祀的记录，有时鱼还与牛、羊一起组成牺牲。

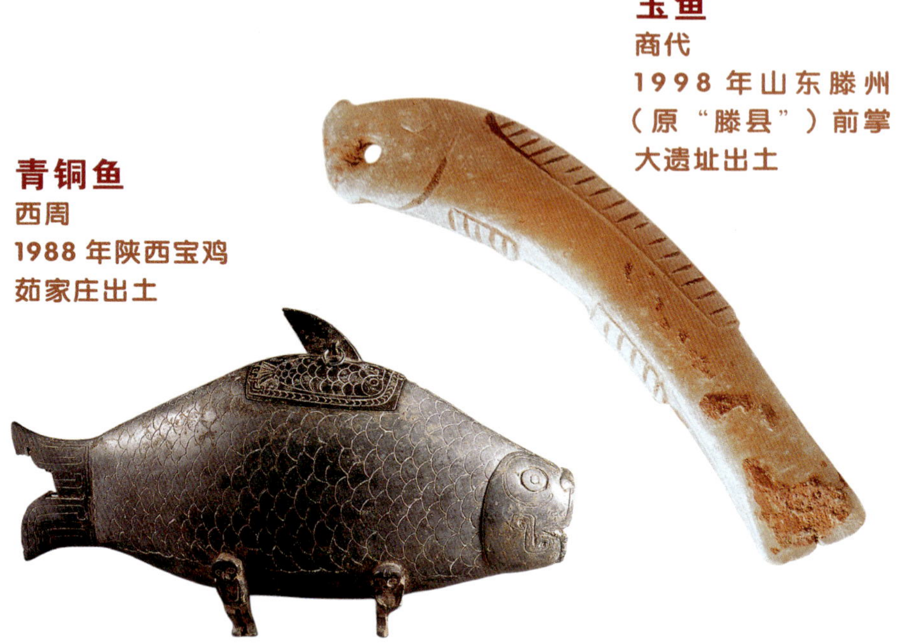

玉鱼
商代
1998 年山东滕州（原“滕县”）前掌大遗址出土

青铜鱼
西周
1988 年陕西宝鸡茹家庄出土

夏、商、西周时期，人们也会用象来祭祀。大象的骨骼有的被用作占卜材料，有的被用来制作器皿和装饰品。

另外，在夏、商、西周时期，还有用猴、鸟（可能是鹰）、鸡、水稻、小麦和人作为宗教活动牺牲的情况。

玉象
商代
1976 年安阳殷墟妇好墓出土

夏、商、西周时期与宗教礼仪之器有关的文物，主要是青铜器和玉器。青铜礼器按用途可大略分为炊煮器、食器、酒器、盥洗器、舞乐器几大类。

◦ 炊煮器

炊煮器是指主要用于烹煮、盛放献祭牺牲的礼器。

鼎的造型源于陶器，在夏商周时期数量最多、地位最为重要，主要用于烹煮，也可作为盛放牛、羊、猪、鱼和调味品等食品的器具。

鼎是政权和身份等级的象征。在中国古代文献中有亡其国必迁其鼎的记载。大家非常熟悉的一个典故问鼎中原，说的是周定王元年（公元前606年），楚庄王率军北伐，向周王派来的使臣询问周鼎之轻重，表现出欲为天下之主的愿望。甚至到了三国时期，还将魏、蜀、吴并立割据称为“三足鼎立”。

夏、商、西周时期，有一套用鼎制度，天子、诸侯、大夫、士的用鼎数量依次为九、七、五、三、一不等，庶人不得用鼎。

青铜鼎
西周
1975 年北京房山琉璃河黄土坡燕国墓地出土

青铜炊煮器
商代
传安徽阜南出土

食器和饮酒器

食器是用于盛放献祭的食物、果品、腌菜和肉酱等的器物，包括簋、豆、铺等器类。

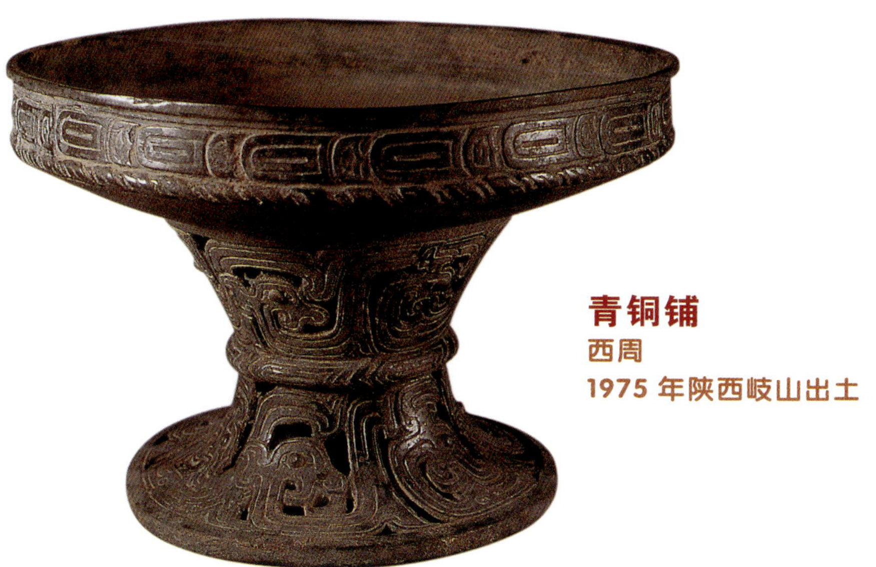

青铜铺
西周
1975 年陕西岐山出土

青铜豆
商代
1989 年江西新干大洋洲出土

青铜簋
商代

据文献记载，夏、商王朝建酒池供千人饮酒作乐。后人还把商王朝的灭亡与酗酒拉上关系。西周王朝建立之后，鉴于商王朝的灭亡，颁布了戒酒令。但在贵族的生活和各种礼仪活动中，酒仍然具有十分重要的作用。

与祭祀活动有关的饮酒器与盛酒器有爵、角、尊、觥、壶等器类。

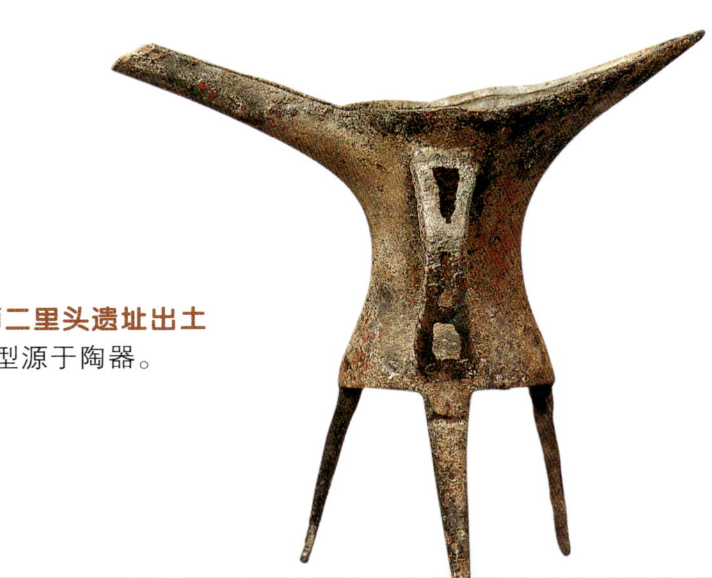

青铜爵
夏代
1984 年河南偃师二里头遗址出土
爵为饮酒器，造型源于陶器。

青铜觥

商代

1976 年河南安阳殷墟妇好墓出土

觥为盛酒器，出现于商代晚期，沿用至西周早期，特征为仿兽体造型。

青铜尊

商代

1957 年安徽阜南出土

尊为盛酒器。

青铜角

商代

1990 年河南安阳殷墟郭家庄出土

角为饮酒器。考古发现其出现于夏，流行于商至西周早期，之后逐渐消失。

青铜壶
西周
1992 年山西曲沃天马 — 曲村遗址出土
壶为盛酒器。目前所见有圆体和方体之分。圆体壶出现于商代晚期。在西周晚期出现的方体壶，以长方形圆角为特点。

◦ 盥洗器

盥洗器主要用于盛水，文献中也有在祭祀时用于盛血的记载。文物所见青铜盘出现于商代早期，商代的盘一般无耳。西周时期的盘出现腹耳，晚期出现小足。

青铜盥洗器
西周
上海博物馆藏

◦ 舞乐器

舞乐器主要为铙、钟、镈等器类。

铙为青铜打击乐器。考古发现铙有大型和小型之分，流行于商代晚期和西周初期。

钟是打击乐器，流行于西周、东周时期，一般按大小依次成排悬挂在钟架上演奏。西周时期编钟（扁圆的钟）由3至8枚组成，可产生14个音高。

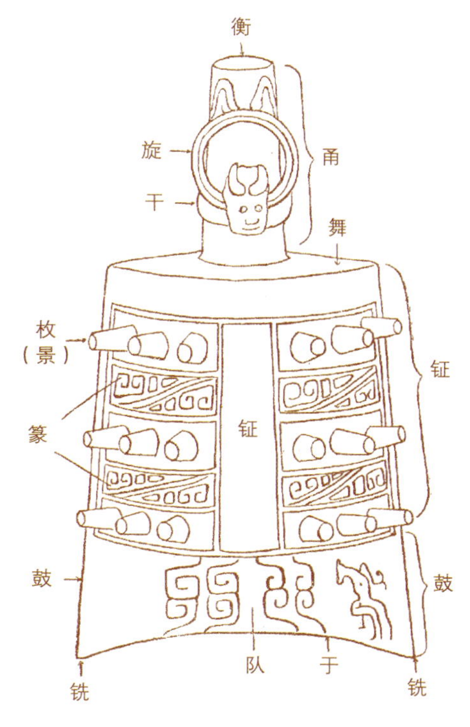

纪侯钟

青铜镈

商代

1989年江西新干大洋洲商代大墓出土

镈是用于指挥乐队的节奏性打击乐器。考古发现镈出现于商代晚期，流行至西周中期。

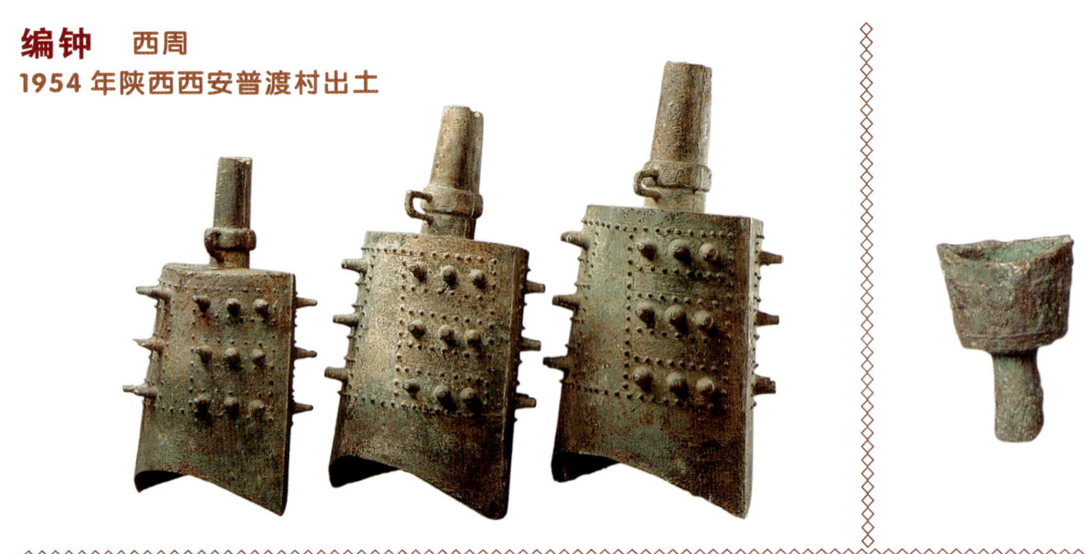
编钟 西周
1954 年陕西西安普渡村出土

◦ 通天神木

原始人类为免受野兽的伤害，曾经在树上居住，被称为“有巢氏”。夏、商、西周时期，人类已经居住于房屋之中，但仍然认为有一种神木是与天庭沟通的渠道。

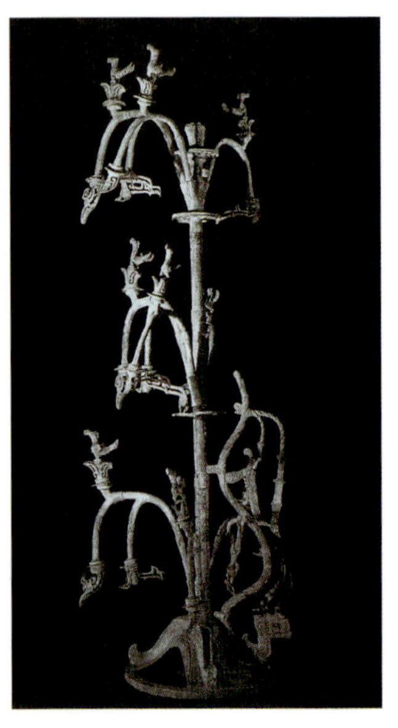

青铜树
商、周时期
1986 年四川广汉三星堆遗址出土
有学者认为这就是文献所说的通天神木，是一件重要的法器。

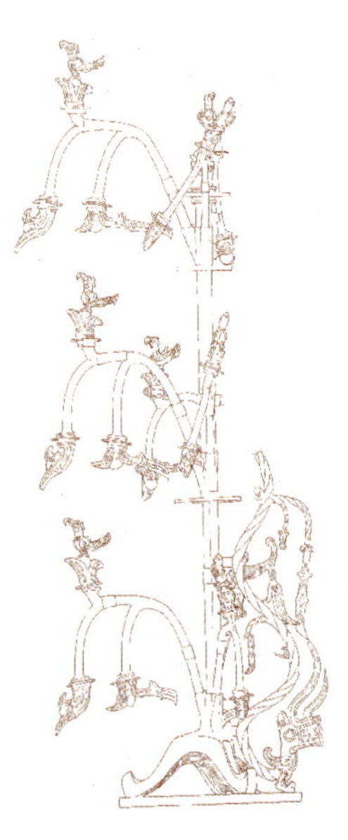

青铜编铙 商代
1976 年河南安阳殷墟妇好墓出土

◦ 玉器

在古人眼中，凡具有坚韧致密质地和温润纯净色泽的美石，都可看作是玉。在距今 8000 年左右，人们已经能够加工制造玉器。距今 5000 年左右，出于原始宗教目的而大量生产玉器。

玉戈
商代
1976 年河南安阳殷墟妇好墓出土

夏、商、西周时期，玉器成为贵族生活等级标志和宗教活动中使用的礼器。礼仪活动中主要使用的玉器璧、圭、琮、璋、璜、琥被合称为“六瑞”。

玉圭
商代
1976年河南安阳殷墟妇好墓出土

玉璧
商代
1976年河南安阳殷墟妇好墓出土
璧用于礼敬苍天。其造型特征为扁平圆形，中部有一圆孔。周代大璧素面，小璧以龙、凤、鸟为题材，雕刻精美，线条多为自然流畅的弧线。

玉虎
西周
河南洛阳出土

玉璋

商、周时期

2001 年四川成都金沙村出土

玉璜

商代

1998 年山东滕州（原“滕县”）前掌大遗址出土

商代璜多为桥形，素面，晚期流行龙头、兽头或鱼形璜。西周时期的璜大体继承商制，满身刻画龙、虎、鸟纹饰。

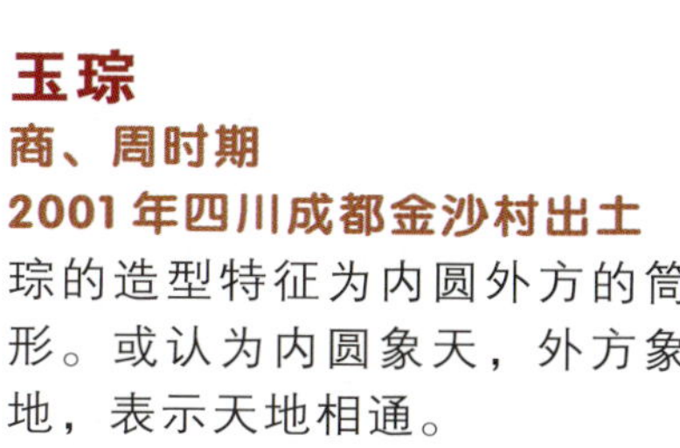

玉琮

商、周时期

2001 年四川成都金沙村出土

琮的造型特征为内圆外方的筒形。或认为内圆象天，外方象地，表示天地相通。

仪仗用品

所谓仪仗用品主要是在宗教活动中陈设的铜、玉石器，包括戈、钺、铲等器类。

戈造型源于收割工具镰，属于钩杀兵器，其不同部位可以用于啄击、钩杀、铲杀，是夏、商、西周时期主要的武器。考古发现夏、商、西周时期的玉戈，显然不是用于实战的兵器，而是象征武力的仪仗。

钺源于生产工具斧，实际就是大斧，属于斩杀兵器。在夏、商、西周时期，钺往往还是权力的象征。《史记》记载，武王伐纣前进行誓师仪式时便执黄钺；取得牧野之战胜利之后用黄钺斩纣王头颅，用玄钺斩纣王宠妃首级。这里的钺兼有实用和礼仪之功用。小型钺多用于仪仗舞乐活动。

青铜钺
商代
1965 年山东青州
苏埠屯出土

金面具
商、周时期
2001 年四川成都金沙村
出土

考古工作者在夏、商、西周时期的不同遗址内都发现了一些青铜或黄金面具，其中很大的一部分应是宗教仪式中的装饰。

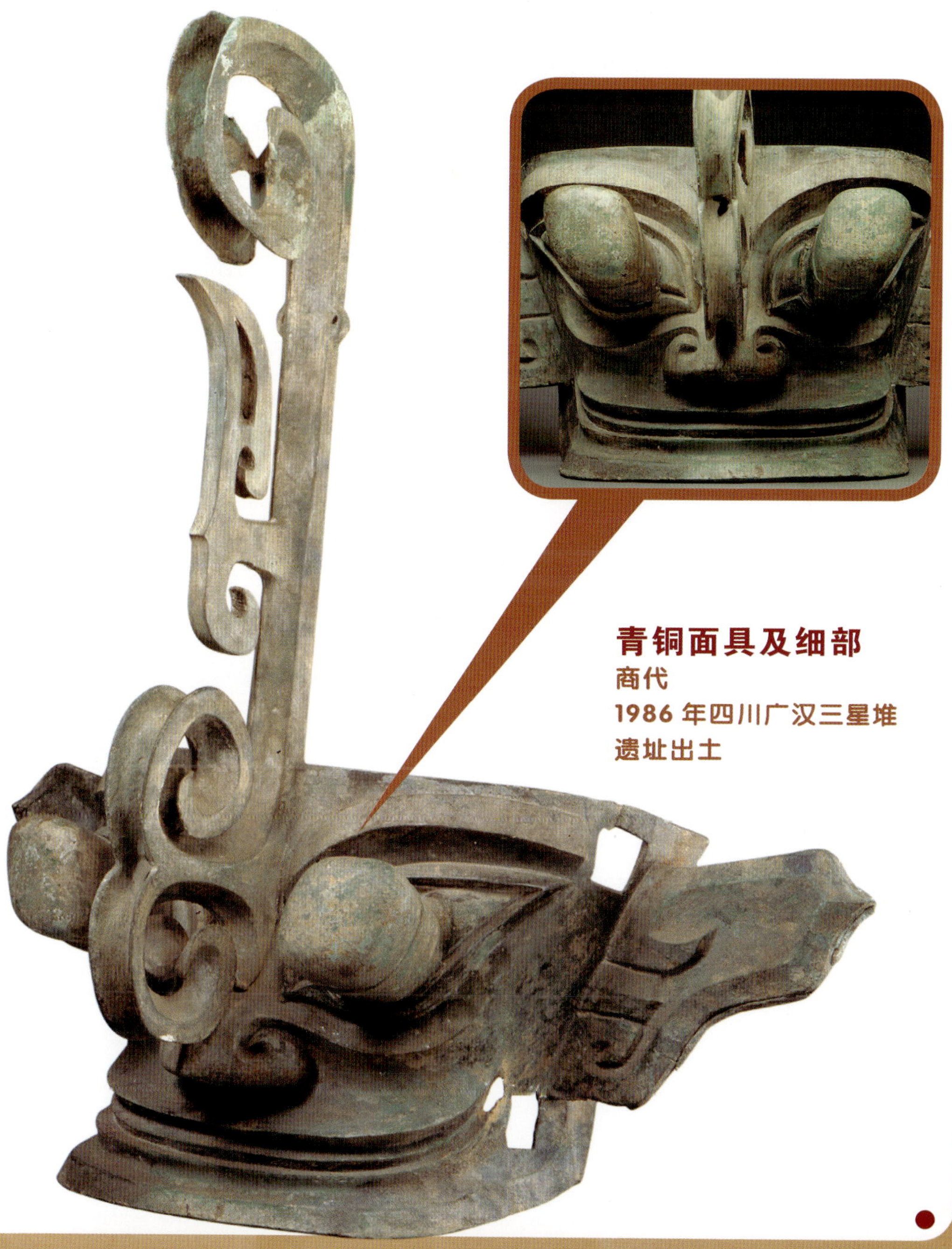

青铜面具及细部

商代

1986 年四川广汉三星堆遗址出土

字里人间——记载商、周社会百态的文字

文字出现是人类进入文明时代的重要标志之一。古代文献记载了仓颉作书，惊天地、泣鬼神的故事。汉代司马迁认为仓颉是黄帝时期的史官。

◦ 陶文

中国最早的文字见于商代。商、周时期出土的文字，根据书写材料不同，大致可分为陶文、玉石文、甲骨文、金文四类，书写方法主要是用毛笔蘸黑色或朱砂颜料书写和契刻。

甲骨文所见商代官职

尹、正、小臣	一般的长官名称
小耤臣	管理农业事务
小多马羌臣	管理羌奴
宰	服侍王的家内奴隶
射、戍	负责防卫、戍守
史、卜	管理祭祀、占卜和文字记录
侯、田	负责边地的防卫、开垦

甲骨文所见商代武器

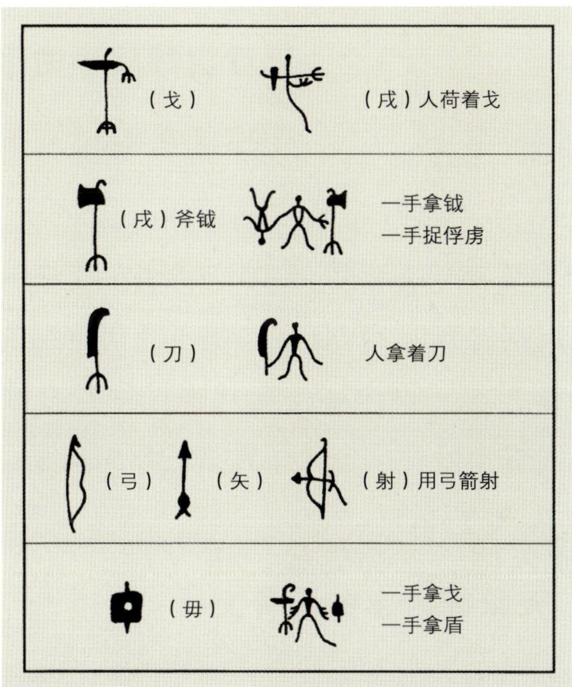

陶文是书写或契刻于陶器上的文字，源于原始社会晚期陶器上的刻画符号。在一些属于夏、商、西周时期的大型遗址均有发现。此外还发现用朱砂和墨书写的文字。这表明至少在商代，人们就已经使用毛笔书写文字了。

甲骨文

用于记录占卜结果及记事的文字，因书写、契刻在龟甲和兽骨上而得名。在甲骨上刻画符号记事，可以追溯到原始社会晚期。

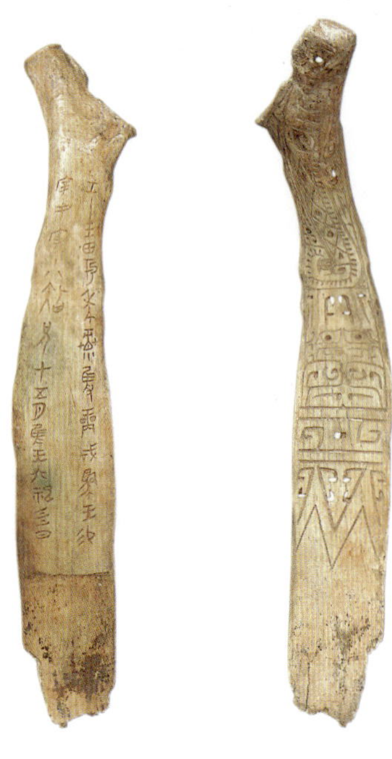

记载赏赐犀牛的甲骨文
商代
河南安阳殷墟出土

至今已经发现商代有字甲骨10万余片，近5000个单字，其中能被识别的有近2000字。属于商代早期的甲骨文数量很少，一般只有一两个字；商代晚期甲骨文数量多、篇幅长、涉及内容十分广泛，是甲骨文的繁盛时期。

记载北方民族入侵、王命诸侯、田猎（打猎）、天象等内容的甲骨文
商代
河南安阳殷墟出土

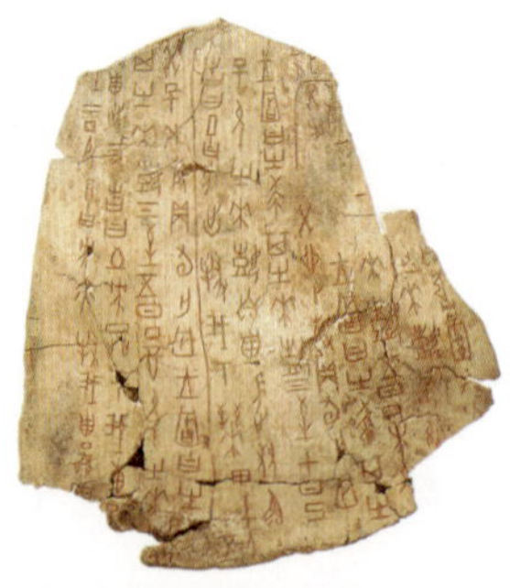

从出土的商代甲骨文来看，商代已经使用了象形、会意、形声等构字方法。

商代甲骨文主要“写”在龟甲和牛肩胛骨上，也有用人头骨、牛肋骨、鹿头骨、虎骨等材料。甲骨卜辞内容广泛，是认识商代社会的原始文献资料。

记载干支表的甲骨文
商代
河南安阳殷墟出土

记载日食内容的甲骨文
商代
河南安阳殷墟出土

。玉石文

玉石文是书、刻在玉石器上的文字，字数从一至十余字不等，内容涉及职官、方国、贡献、卦象等。

。金文

商、周时期，刻、铸在青铜器上的文字，或称“铭文”。由于以礼乐器最具代表意义，所以又有“钟鼎文”之称。

记载赏赐奴隶的青铜鼎
西周
传清代道光初年陕西眉县（原“郿县”）出土
鼎腹内有 291 字铭文。

刻有文字的玉瑗
西周
1994 年河南三门峡上村岭出土

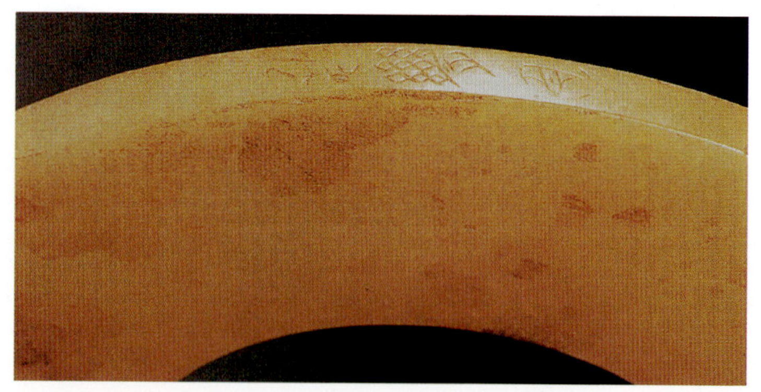

记载册命制度与商贾管理内容的青铜器颂壶

西周

壶内有铭文 152 字。

目前最早的金文出现在商代较早时期的青铜器上，字数比较少。到了商代晚期，青铜器铭文比较多，用单字或者几个字简单记事的情况比较常见，偶尔可以见到由几十个字组成的短篇记事文。

西周时期金文更为多见，字数增加到数十字，甚至数百字。所记的内容甚广，由祭祀典礼、分封诸侯到土地纠纷、军事制度、买卖奴隶、暴动等事情。其中有些可以与文献相互印证，有些填补了文献记载的空白。

记载土地制度与诉讼内容的青铜器

西周

器身已失，仅余器盖。盖内有96字，记述田地纠纷的事情。

记载百工管理内容的青铜器

西周

现存日本京都。其上铭文103字，记载了有关周厉王的事件。

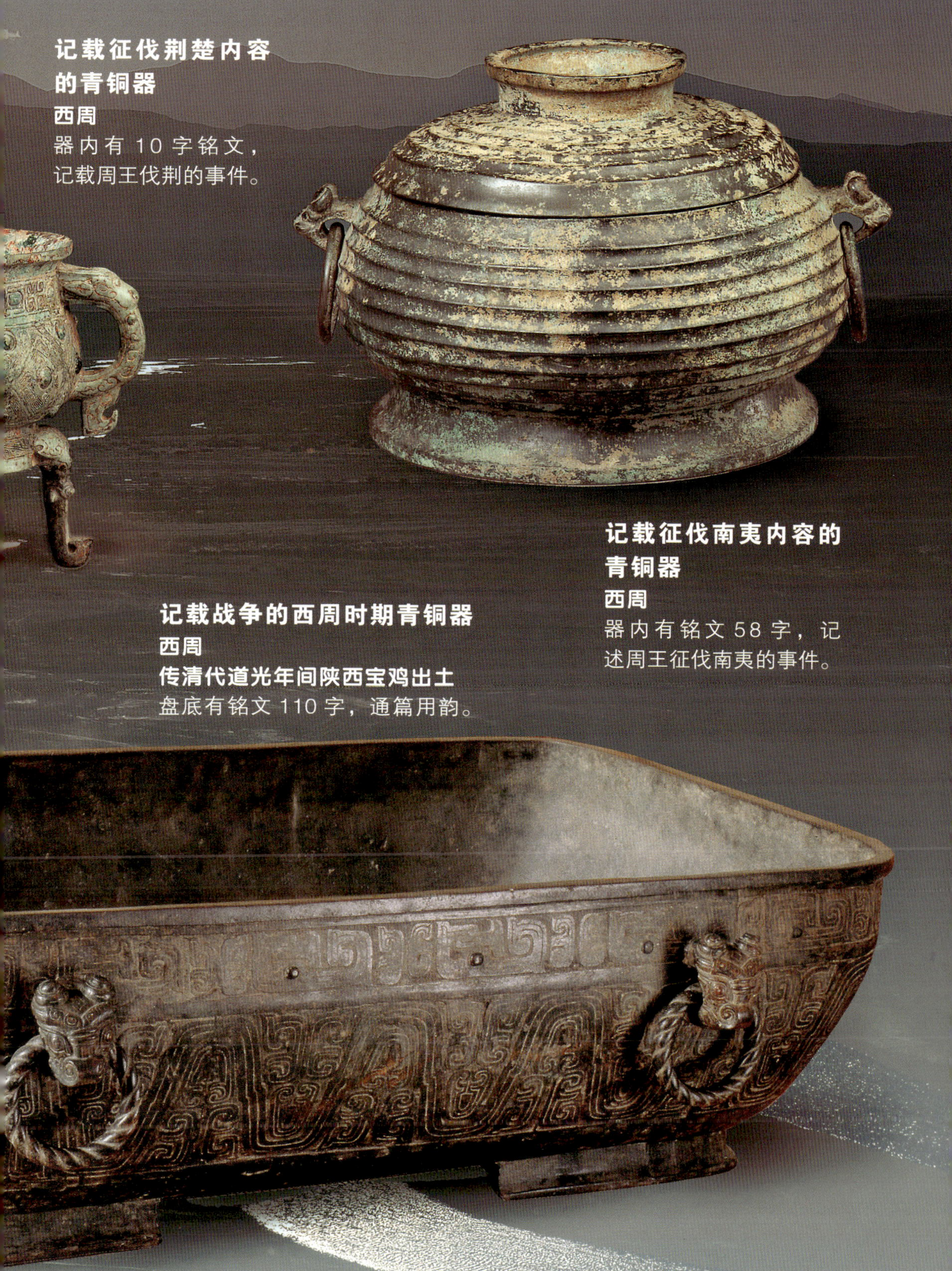

记载征伐荆楚内容的青铜器
西周
器内有 10 字铭文，记载周王伐荆的事件。

记载征伐南夷内容的青铜器
西周
器内有铭文 58 字，记述周王征伐南夷的事件。

记载战争的西周时期青铜器
西周
传清代道光年间陕西宝鸡出土
盘底有铭文 110 字，通篇用韵。

豪宅vs.蜗居——古代的土木建筑

夏、商、西周时期的建筑，在规模和工艺技术上，都反映出当时的社会阶层分明。目前考古材料显示，夏、商、西周时期建筑遗存可以分为居住址、城址和墓葬三种形式。

◦ 半地穴式建筑

夏、商、西周时期的建筑遗存，根据规模大致可分为半地穴式建筑、窑洞式建筑、一般地面式建筑和宫室建筑等四种不同的规格。

半地穴式建筑流行于原始社会晚期，工艺要求不高，一般是在地面挖掘出圆形或方形坑，用茅草做屋

顶。夏、商、西周时期这种建造简便、造价低廉的住所，显然为社会地位低下的人们所居住。

窑洞式建筑

窑洞式建筑出现于原始社会晚期，是利用断崖掏挖出长方形、圆形、椭圆形，面积约 4 平方米的居住空间。门道两侧设有灶坑，有的还有烟道通往室外。

一般地面式建筑

一般地面式建筑出现于原始社会晚期。夏、商、西周时期，在南、北方地区都有发现，以方形和圆形最为常见。考虑到采光和通风需要，有的还开有窗。多出现于普通村落和城邑中的一般居住区、手工业作坊区，显然是一般平民或小贵族居住的建筑。

商代建筑复原

◦宫室建筑

宫室建筑用于朝政、祭祀和居住场所，出现于原始社会晚期。以河南偃师二里头遗址的夏王朝宫殿为例，殿堂前是一片开阔的中庭，其上埋有与祭祀活动有关的人、兽尸骨，应与宫殿建筑仪式有关。

商代宫殿的铸造工程，大体继承夏王朝宫殿的建造特点。建筑过程中奠基、置础、安门、落成都要举行仪式，并杀殉人、狗、羊、牛作为牺牲，目的是防止鬼怪作祟。

二里头遗址宫殿复原图

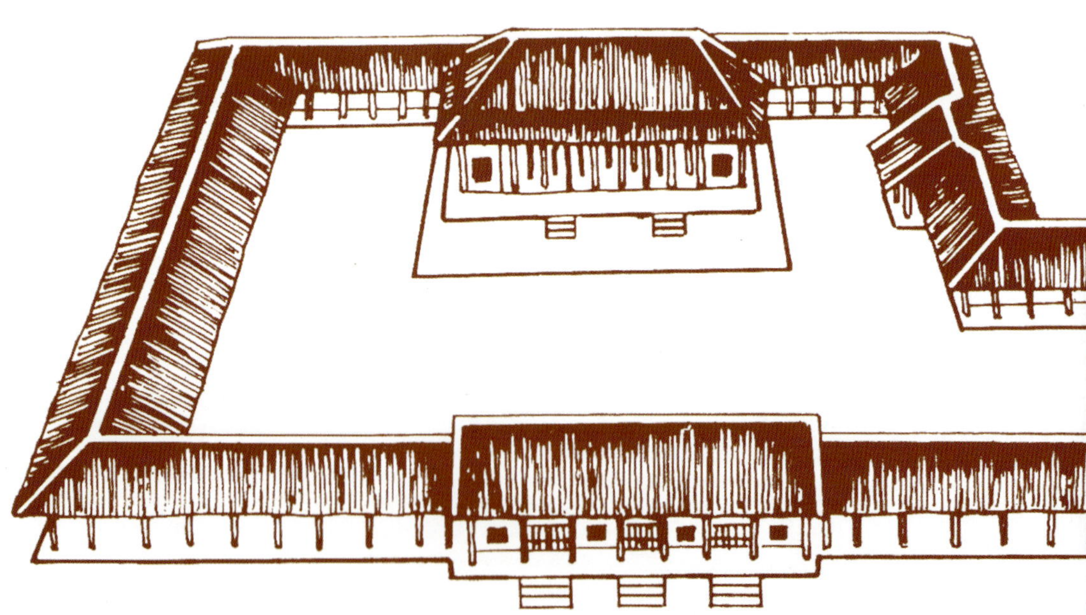

河南安阳殷墟宫殿基址复原图

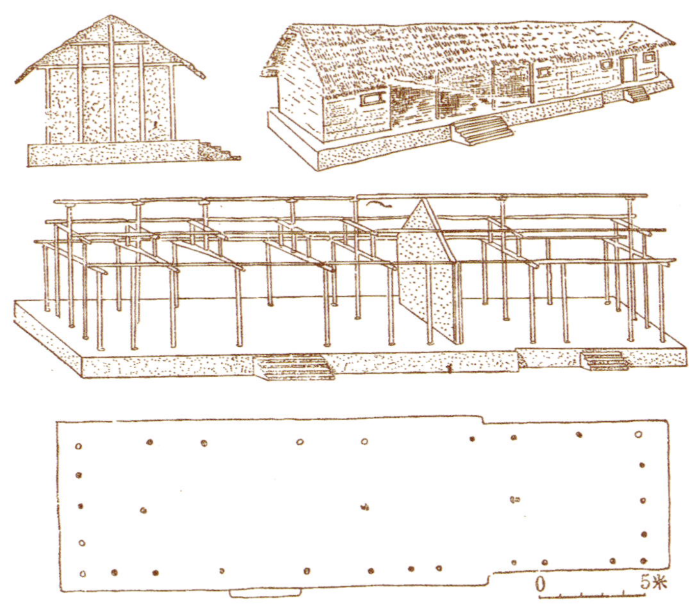

与夏王朝宫殿比较，商代宫殿的殿堂面积增加，运用青铜、铅构件和雕刻十分精美的石构件，屋顶上开始局部用陶质瓦，墙壁上装饰有壁画。商代宫殿还有石板覆盖的排水沟或铺设陶制的排水管道等设施。

陶排水管道
河南安阳殷墟出土

在陕西岐山、扶风发现的西周王朝宫殿建筑遗迹，显示西周宫室的建筑工艺大体继承自商王朝，建筑技术有所改进。门前增设影壁，屋顶用瓦面积增加，对称的布局和封闭式的院落结构更加严谨。

板瓦
西周时期
陕西扶风出土

◦ 商代城郭

城最早出现于原始社会晚期，可防御天灾和战争。有古代文献记载，夏王朝首都曾设防城墙。然而，这点尚未得到考古证据。

商代的城址发现较多。商王朝的都城，供奉有先君宗庙，是当时的政治、军事、文化中心。位于河南安阳小屯村的商代晚期都城，文献称之为“殷墟”。

在河南偃师塔庄发现的一座商代早期城址，一般称之为“偃师商城”。该城址拥有宫城、内城、郭城三重城墙，外面环绕护城壕。城内发现有宫殿区、园囿区、手工业作坊区和祭祀、墓葬区。

商代的一般城邑没有先君宗庙。垣曲商城是商代早期一座具有军事意义的城邑，四周有城墙，重点防御部分建有双道城墙，城墙外则设有护城壕。

偃师商城东北隅城墙剖面

山西垣曲商代城址

城址平面呈梯形。

西周都城

西周王朝的王都，包括宗周丰、镐二京和成周洛邑，目前还没有发现城墙。分封于各地的诸侯国都城，多数还没有找到。

周人在各地建造的城，在古代文献中称为“国”，国外广大田土称为“野”，距城百里为“郊”，郊外为“遂”。

营建墓葬

夏、商、西周时期的墓葬一般没有坟丘的痕迹，所以不容易从地面上发现。

河南安阳殷墟侯家庄西北岗商代后期大墓

夏王朝的国君墓葬目前尚未被发现。商王朝盘庚迁殷以后的王陵，已经在河南安阳殷墟被发现。西周时期的周王陵也尚未被发现，但发现了一些诸侯国的国君墓地。

北京房山琉璃河黄土坡西周燕国国君大墓

上图为墓道，下图为墓室面貌。

河南安阳殷墟妇好墓上复原建筑

西周时期的贵族墓地发现较多，墓室多数呈长方形。

平民墓在夏、商、西周时期分布广泛，一般为竖穴土坑，有的甚至以席裹尸，一般随葬陶器、石、骨、蚌器。

理智与感情，夏商周的科学与艺术

夏、商、西周时期，许多美术作品由于种种原因未能保存下来，但还可以在文献记载和考古发现中略知一二。

根据推断，夏代已开始使用历法，人们对天上星宿已有一定的认识，也开始掌握医学、物理等方面的知识。

绘画

夏、商、西周时期绘画色彩鲜艳，线条均匀流畅。夏代以朱砂最为常用，故以红色为多，另外也使用白、黑、绿等不同颜色的颜料。

商周时期绘画颜料更加丰富，人们会在陶、木、丝、布和墙壁上绘出绚丽无比的彩色图案。木、丝、布质材料易腐朽，所以完整的夏、商、两周时期的绘画作品极为罕见。

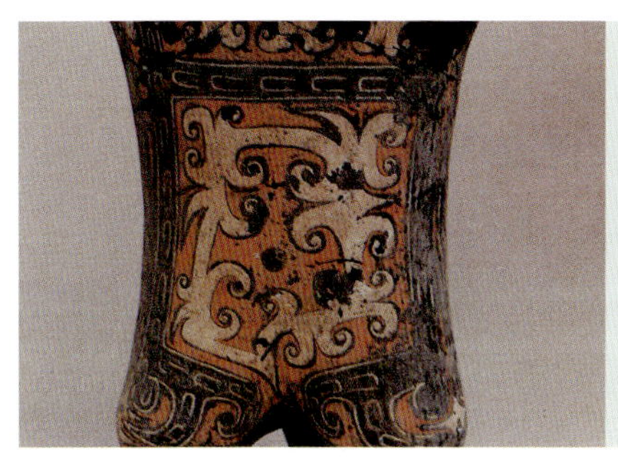
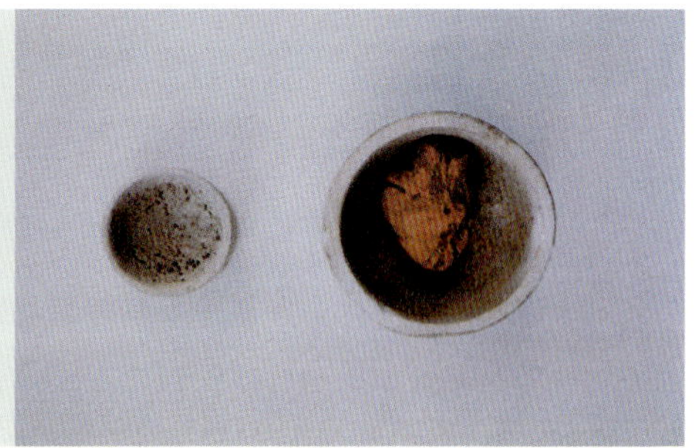

夏家店下层文化彩绘图案及颜料

夏、商时期

1977 年内蒙古自治区大甸子遗址出土

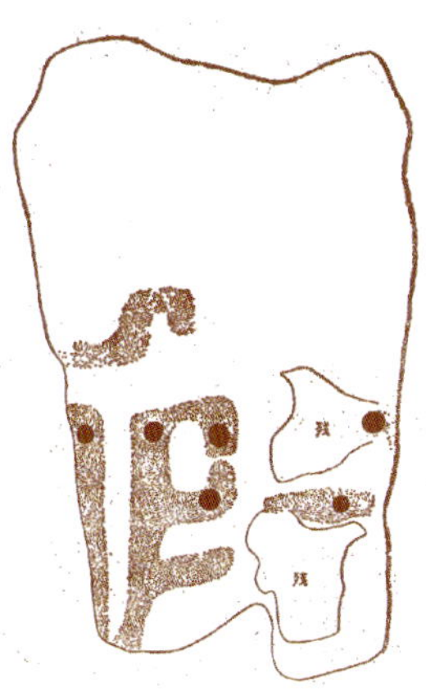

宫殿壁画残块

商代

河南安阳殷墟出土

白灰墙上涂绘红色图案，配黑色圆点纹。

彩绘图案

西周

河南三门峡出土

雕刻

这一时期的青铜艺术造型，以具有实用意义的礼、兵、乐器为多，也有姿态、服饰和身份不同的人物雕像。动物形象有虎、象、蛇等造型，其中有些经过神化、夸张处理，例如龙、神兽。这些作品除部分作为日用品外，不少用于庄严的礼仪和祭祀活动场合。

这些青铜作品上往往铸刻有花纹，夏代的花纹是简单的几何形纹，商代则多见饕餮纹、凤纹、象纹、虎纹、龙纹等。西周早期的纹饰大体继承商制，也出现了一些新的纹饰，如凤鸟纹、重环纹等。

青铜牺尊
西周
1984 年陕西西安张家坡遗址出土

夏、商、西周时期的陶塑作品多为动物，例如羊、狗、猪、牛、鸟等；也有装饰品或工具，如球、环、纺轮等。

夏、商、西周时期的玉石雕刻品数量、种类相当丰富，制作水平也高。

至于玉器，有宗教崇拜、礼器、仪仗、装饰、工具、用具等不同题材。

青铜鸮尊
商代
1976 年河南安阳
殷墟妇好墓出土

鸭尊
西周
辽宁喀左县出土

玉簋
商代
1976 年河南安阳
殷墟妇好墓出土

玉人
商代
1976 年河南安阳殷墟妇好墓出土
一面为男性，一面为女性。

绿松石雕刻主要用于青铜礼器、兵器和骨器的镶嵌装饰，如青铜牌饰、虎、戈、钺、弓形器和刻花骨器等。

镶嵌绿松石铜钺
商代
河南安阳殷墟出土

牙雕作品在夏、商、西周时期的遗址内都有发现，其中以商代最为流行，有象牙梳、环、杯等器类。

镶嵌绿松石象牙杯
商代
1976 年河南安阳殷墟
妇好墓出土

木雕刻作品目前所见多为墓葬中的木棺，一般雕刻饕餮纹并且涂朱，有的还镶嵌鲟鱼鳞板和蚌片、牙片作为装饰。

河南安阳殷墟出土雕刻花纹的木椁

骨雕刻作品有雕花骨板、刻鱼骨片等。蚌雕刻作品有虎、镂空饰物、圆形泡、鱼等。

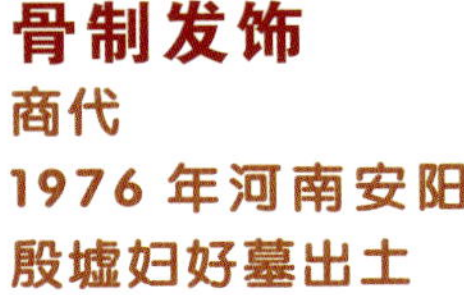

骨制发饰
商代
1976 年河南安阳
殷墟妇好墓出土

◦ 漆器工艺

夏代漆器主要用于礼乐器。商代晚期发现的漆器较为丰富，施漆于车、铜器、木器、玉器、骨器、丝织品，颜色以红色为多。

西周时期漆器形式大体同于夏、商之时，具有礼器性质的漆器往往是以红色为底，绘以黑色线条。

漆器残片
商代
1973 年河北遗址出土
漆树是一种落叶乔木，其汁可以作为涂料。原始社会时期，先民已懂得使用漆树汁。

虽然目前还没有发现制作漆器的手工业作坊遗存，但是当时毫无疑问已经拥有为王室服务的漆器制作工匠和专门的技术。

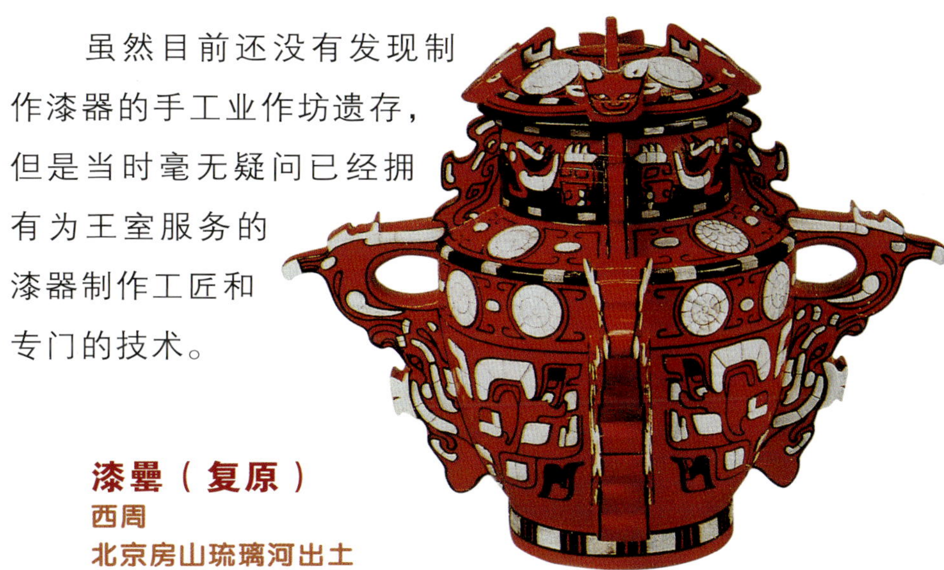

漆罍（复原）
西周
北京房山琉璃河出土

音乐舞蹈

夏、商、西周时期，乐属于六艺（礼、乐、射、御、书、数）之一，主要用于祭祀、礼仪、丧葬、军事等宗教、礼乐、宴享活动，并设有专门的、精通音律的乐师。

虎纹大石磬
商代
1950 年河南安阳殷墟出土
磬为打击乐器。据测定，这件商代虎纹大石磬已有五个音阶。

陶制吹奏乐器
商代
河南辉县琉璃阁遗址出土

目前发现的夏、商、西周时期的乐器，夏代有陶铃、铜铃、朱红色漆鼓、石磬，商代早期有用响石打制而成的石磬，商代晚期有蟒皮鼓、铜铙、石编磬等。西周时期出现成组的青铜编钟、编镈和石编磬。

石磬
夏代
山西夏县东下冯遗址出土

青铜鼓
商代
湖北崇阳出土

天文历法

中国传统的历法被称作“夏历”或“农历”。夏王朝时期可能已经有了历法。商代的历法比较完备，在甲骨文中还可以见到日食、月食和星辰的记录。

西周时期，人们对于火、斗、室、毕、参、牵牛、织女等星宿已经有所认识。另外，在河南登封有一座相传为周公建造的测景台，用圭表观测日影而测定出太阳年的长度约为365.2422日。

医疗养生

夏、商、西周时期先民对疾病以及治疗已有所认识，甲骨文中有涉及人体各个部位疾病的记载，可以推知当时已了解人体结构；治病除借助巫术之外，还有外科手术和食疗等方法。

商代遗址出土的桃仁、枣、大麻等应与中药有关。

物理知识

夏、商、西周时期已懂得利用力学原理组成各种简单机械，例如纺轮、制陶的陶车等。

阳燧是古代取火用具，利用光的折射和聚焦原理来用太阳光取火。

青铜镜
商代
1976 年河南安阳殷墟妇好墓出土
很可能是利用太阳取火的阳燧。

◦ 金属冶铸

金属冶炼和应用是最早的工业。夏、商、西周时期已能利用金属来生产，应用的金属包括铜、锡、铅、金等。

夏、商、西周时期，人们对于铜的认识和使用已相当深入和广泛。当时人们已掌握了将铜和锡按一定比例进行调配，生产出具有不同功用的青铜产品的技术。古代青铜主要是指铜、锡合金。

块范法是夏、商、西周时期青铜器铸造最常使用的方法，一般是先按照铸造器形制造出模范，然后浇铸成型，就可以生产出所需要的青铜器。

铸铜石范
夏代
山西夏县东下冯遗址出土

炊器范
商代
1954 年郑州南关外商代
铸铜遗址出土

○ 铁

在发明人工冶铁术之前，人类使用天然陨铁。古埃及在距今 5000 年左右就已使用天然陨铁。

夏、商、西周时期，人们开始使用铁。在商代中期的遗迹中便发现了铁刃铜钺，推测是用陨铁锻成的。

商代中晚期出现小规模的人工冶铁，并且首先用于青铜礼器、兵器的局部。西周早期以后，中国青铜文化从鼎盛逐渐走向衰落。正是在青铜文化的衰落时期，人工冶炼铁器开始出现了。

◦ 其他金属

除铜、铁外，当时还冶炼锡、铅、金等金属。锡当时除了与铜形成青铜合金外，还可用于金属焊接。

铁刃铜钺
商代
1977 年北京平谷刘家河出土

金带
商、周时期
2001 年四川成都金沙村出土

金属于贵重金属。夏、商、西周时期，人们用金制作象征王权的金带、权杖。贴于青铜礼器、棺椁上的金箔、金叶、金花、金箍和金虎头等，明显都是王室贵族生活中的装饰品。